Découvrir le monde avec les mathématiques

Dominique Valentin
Professeur de mathématiques en IUFM

Situations pour la petite et la moyenne section

HATIER

Sommaire

Aux « maîtres » de l' école maternelle,
toujours en recherche,
pour Perle, Maud, Loup, Violette,
et les autres.

Achevé d'imprimer en avril 2011 par Normandie Roto Impression s.a.s., 61250 Lonrai
N° d'imprimeur : 111574 - Dépôt légal n° 74655 0/09 - Avril 2011 - Imprimé en France

ISBN 978-2-218-74655-0

Remerciements

« Tu me donnes un dollar, je te donne un dollar :
nous avons chacun un dollar.
Tu me donnes une idée, je te donne une idée :
nous avons chacun deux idées… »

Annie Faure, Françoise Macaire et *Jacqueline Nezondet*, pour la Petite Section, *Annie Biland, Isabelle Montes* et *Myriam Wittoz* pour la Moyenne Section, ont mené dans leurs classes une expérimentation active et critique de l'ensemble des situations de cet ouvrage durant plusieurs années. Je n'ai pas les mots qui conviennent pour leur dire à toutes les six ma très grande reconnaissance et c'est vraiment à regret que je vais quitter leurs classes où il fait si bon vivre, où l'on rêve de voir grandir ses enfants ou ses petits-enfants.

Mireille Guillerault et *Robert Neyret*, professeurs à l'IUFM de Grenoble et membres de l'équipe ERMEL, *Catherine Koupper*, maître-formateur à Issy-les-Moulineaux, ont été des relecteurs très efficaces et encourageants. Je les remercie de leur patience, de leur rigueur et de leur soutien constant.

Je ne veux pas oublier ici le cheminement effectué en amont avec les enseignants de trois écoles maternelles d'application des Hauts de Seine, l'école des Provinces Françaises de Nanterre, l'école Robespierre de Rueil Malmaison et l'école des Rochers de Clamart. A leur contact, mais aussi au sein de l'équipe ERMEL, j'ai engrangé les questions, les doutes, les idées à l'origine de cette publication. Je suis redevable à tous les enseignants de ces différentes équipes d'ouvertures et d'approfondissements majeurs dont je les remercie.

Merci enfin à tous ceux qui, sans même le savoir parfois et d'une idée à l'autre, m'ont permis d'aller toujours plus loin.

Dominique Valentin

Les situations présentées dans cet ouvrage ont toutes été expérimentées, avec l'aimable autorisation des inspecteurs de l'éducation nationale des circonscriptions concernées, dans les classes suivantes :

Ecole maternelle d'application des Provinces Françaises, Nanterre 92
Petite Section d'Annie Faure maître formateur
Moyenne Section d'Isabelle Montes

Ecole maternelle Tournemire 2, Les Ulis, 91
Petite Section de Françoise Macaire, directrice
Petite et Moyenne Sections d'Annie Biland

Ecole maternelle Pablo Neruda, Gometz le Châtel, 91
Petite Section de Jacqueline Nezondet, directrice,
Moyenne Section de Myriam Vittoz

Préface

« Découvrir le monde avec les mathématiques », tel est le titre paradoxal de cet ouvrage, puisqu'il est destiné à des enseignants d'école maternelle qui doivent mettre en œuvre depuis 2002, des Instructions Officielles ne contenant pas ce terme ! Pourtant, c'est bien de découverte du monde qu'il s'agit, non pas directement le monde de la matière ni celui du vivant, mais le monde des « instruments de pensée » que les hommes se sont forgés au cours des siècles pour avoir prise sur le réel, telles les notions de nombre ou de grandeur. Traditionnellement, c'est à l'enseignement des mathématiques qu'est confiée la responsabilité de l'acquisition par tous les enfants de certains de ces instruments, et l'absence du terme « mathématiques » dans les instructions de l'école maternelle, signifie qu'il s'agit de travailler sur les « racines » de ces notions et non pas d'en réaliser un enseignement comme celui entrepris à l'école élémentaire. La difficulté pour l'enseignant, est de créer, dans sa classe, un « milieu » suffisamment riche en occasions de confronter ses élèves à des situations faisant appel à ces instruments, pas encore constitués bien sûr, mais à l'état « naissant », et d'être à même d'accompagner et de soutenir les enfants dans leurs démarches. Cette question, de l'élaboration de moyens d'enseignement adaptés à des enfants très jeunes, est posée depuis une trentaine d'années mais, peut-être par manque de recherches qui y soient consacrées, peu de propositions se sont avérées satisfaisantes et beaucoup d'enseignants de maternelle, en particulier ceux des classes de petite et de moyenne sections, ne reconnaissent pas la pédagogie de l'école maternelle dans les divers manuels du maître et fichiers destinés aux élèves où nombre de tâches sont des décalques appauvris de ce qui est proposé en grande section, voire au CP, sans prise en compte des capacités, des intérêts et des manières d'apprendre des enfants de 3, 4, ou 5 ans.

Dominique Valentin propose ici un ouvrage radicalement différent, où se manifestent ses qualités de chercheuse, capable de conjuguer les apports des recherches en didactique des mathématiques et les résultats de ses propres recherches et observations, et celles de formatrice en IUFM, soucieuse de présenter le résultat de ses expérimentations dans les classes de la façon la plus claire et la mieux transmissible possible.

La première caractéristique de ce travail me semble être la qualité et l'originalité des situations proposées. Beaucoup d'entre elles semblent toutes simples : par exemple, en PS, mettre douze châtaignes dans une boite à œufs ! Pourtant, ces situations peuvent captiver les enfants car elles s'appuient sur les intérêts spontanés de leur âge, tout en les menant bien au delà, du point de vue des apprentissages. En effet, en agissant sur les conditions dans lesquelles les enfants effectuent les tâches, l'enseignant pose de nouveaux problèmes aux élèves, de plus en plus complexes. Ceux-ci vont être conduits à adapter leurs procédures pour atteindre le but fixé, aidés par les rétroactions de la situation ainsi que par les échanges avec leurs camarades et l'enseignant. Ainsi ils vont peu à peu progresser dans la maîtrise de la situation sans pour autant disposer encore des outils élaborés qu'enfants plus âgés et adultes utilisent. Pour d'autres situations, plus classiques : jeux de société, jeux du portrait etc. le choix des règles et des variables des situations effectué par D. Valentin assure que les enfants pourront y trouver une source d'apprentissages importants.

Une autre caractéristique originale de cet ouvrage concerne les modalités proposées pour le suivi des élèves : le recueil de l'évolution de chacun, au fur et à mesure du déroulement des tâches, le repérage du « niveau de résolution » à l'aide des échelles construites au cours de l'expérimentation, constituent des indicateurs beaucoup plus exigeants pour l'enseignant mais beaucoup plus pertinents pour l'évaluation des progrès et des difficultés des élèves que les moyens le plus souvent en usage.

Enfin, parmi l'ensemble des apports de cet ouvrage à l'enseignement en petite et moyenne section (présentation détaillée de chaque situation, description précise d'un matériel peu onéreux ou simple à réaliser), je voudrais insister sur l'aspect formateur de ce document dont la lecture nécessite un véritable travail et doit s'effectuer en boucle : à un premier niveau, le lecteur peut s'intéresser à la situation décrite avec l'intention de la reproduire dans sa classe, en se centrant sur sa propre activité. A un deuxième niveau, c'est en confrontant les observations qu'il aura menées auprès de ses propres élèves avec celles relevées par D. Valentin et aidé par les éléments de réflexion qui structurent l'ouvrage qu'il pourra mieux réaliser l'enjeu de la situation, affiner ses consignes, préparer les phases collectives etc. Enfin, à un troisième niveau, l'enseignant qui s'est approprié les situations peut entrer dans le jeu des variables, décider de certaines modifications pour mieux répondre aux besoins de la classe ou de quelques élèves, mais en respectant l'esprit du travail proposé, et enfin élaborer d'autres situations lui-même.

La démarche proposée par Dominique Valentin aux enseignants n'est pas facile, mais pour avoir souvent observé le désir d'agir, la joie de la réussite, les progrès réalisés par les enfants dans ce type d'apprentissages, je sais que c'est une voie qui garantit aux enseignants qui la prennent un intérêt renouvelé pour l'évolution qu'ils suscitent ainsi chez leurs élèves.

Marie-Hélène Salin

Maître de conférences / Didactique des mathématiques
IUFM d'Aquitaine et IREM de Bordeaux

Introduction

« Le but de tout enseignement ne peut être ailleurs que dans le développement harmonieux des facultés humaines : l'esprit, la main, le cœur. »
Pestalozzi

Découvrir le monde

Avoir pour mission d'aider des enfants à « découvrir le monde » me semble à la fois très ambitieux, très valorisant et assez angoissant. L'enseignant qui a la charge d'accueillir les très jeunes enfants (de 2 à 3 ans) qui entrent à l'école pour la première fois de leur vie, ne peut que mesurer l'énorme responsabilité qui lui incombe. Il n'est que de voir l'angoisse des parents les jours de rentrée pour comprendre la charge affective qui s'ajoute à leur charge éducative.

Certains enseignants de Petite Section, conscients de cette charge, vont centrer leur travail sur la qualité de cet accueil : l'essentiel, pour eux, sera que l'enfant se sente bien à l'école, qu'il ait envie d'y venir, qu'il y développe de bonnes capacités relationnelles, qu'il se « socialise », qu'il se « prépare » à apprendre. Les apprentissages viendront en leur temps, quand les enfants seront « prêts[1] ».

Pour d'autres, cette question des apprentissages est primordiale et, même s'ils savent qu'il faut prendre son temps, permettre aux enfants de se sentir en confiance, ils n'hésitent pas à les faire entrer de plain-pied dans les apprentissages scolaires dès l'entrée en Petite Section.

Mais quand il est question de mathématiques..., les doutes l'emportent bien souvent sur les certitudes ! Que faut-il faire ? Comment le faire ? Quand peut-on commencer ? Est-ce possible dès la Petite Section ? N'est-il pas urgent d'attendre ? Entre l'absence quasi totale d'apprentissages mathématiques en Petite Section et l'usage systématique de fiches, y a-t-il d'autres alternatives ?

C'est d'abord pour avoir entendu ces questions de manière récurrente et intense pendant plus de vingt ans de ma carrière de formateur d'enseignants de l'école primaire, que j'ai souhaité y chercher des réponses. C'est aussi parce que la façon d'aborder ces premiers apprentissages me semble engager très fortement non seulement « l'avenir mathématique » de chaque enfant, mais surtout le développement de sa curiosité, de ses capacités d'analyse, de son esprit critique, de ses possibilités d'émerveillement, que le sujet méritait, à mes yeux, d'être approfondi.

Les travaux de didactique[2] des mathématiques, effectués depuis une trentaine d'années tant en France qu'à l'étranger, nous donnent aujourd'hui à la fois les moyens et l'obligation de repenser les apprentissages mathématiques à l'école maternelle et, tout particulièrement, pour le tout début de la scolarité. Les textes officiels concernant l'école maternelle nous y invitent très clairement, ne serait-ce que par le fait que le mot

1. *Cf.* Sylvie Cèbe et Roland Goigoux « L'influence des pratiques d'enseignement sur les apprentissages des élèves en difficulté », *in* Cahiers Alfred Binet n°661 « Les violences à l'école », 1999

2. Et en particulier les travaux de l'IREM de Bordeaux et la *Théorie des Situations* conceptualisée par Guy Brousseau et son équipe.

« mathématiques » n'y est jamais prononcé. D'autre part, la longue scolarité qui attend ces enfants de 3 ans, en train de devenir des «élèves», nous permet de construire les apprentissages, quels qu'ils soient, dans la durée, de rechercher toutes les cohérences possibles, de partir des savoirs et des savoir-faire de chacun, de veiller à donner du sens à toutes les activités proposées. Il s'agit moins de munir chaque enfant d'un bagage de connaissances définitives pour le préparer à passer un jour des concours ou des examens que de lui permettre tout de suite de «découvrir le monde», celui qu'il vit du haut de ses 3 ou 4 ans aussi bien que celui qui l'attend, en tant qu'homme, en tant que citoyen, de lui donner des occasions fortes de réfléchir, de chercher, de se poser des questions, à sa mesure.

Un essai de programmation sur trois années

Une des difficultés rencontrées par les enseignants de l'école maternelle réside dans le fait que les Instructions Officielles proposent des objectifs à atteindre en fin de cycle et non année par année. Certains le déplorent mais il me semble que c'est une grande chance : le développement de ces jeunes enfants n'est pas normalisé et certains, assez passifs en Petite Section, vont mettre les bouchées doubles l'année suivante alors que d'autres feront l'inverse. En laissant aux enseignants une marge de manœuvre, ces Instructions permettent de travailler dans la durée, sans carcan, sans angoisse, sans couperet. Bien sûr, cette liberté donne aussi des devoirs, en particulier celui de se concerter au sein de chaque école pour que les passages d'une année à l'autre permettent les avancées indispensables, mais aussi des reprises, des retours en arrière en fonction d'acquisitions bien repérées.

J'ai dû prendre des décisions sur la répartition de ces acquisitions, tout en sachant fort bien que d'autres sont possibles. Comme on le verra, les propositions faites pour la Moyenne Section approfondissent celles de la Petite Section, sans rupture, et doivent déboucher sur un autre ouvrage pour la Grande Section : j'ai donc toujours eu en tête que l'école maternelle dispose de trois années complémentaires. Même si j'ai inclus dans cet ouvrage un essai de répartition des situations dans le temps et sur deux ans, les enseignants verront vite qu'ils ont beaucoup de liberté dans l'organisation, voire dans le choix, des situations qu'ils peuvent proposer à leurs jeunes élèves. Cette souplesse me semble indispensable, en particulier, dans les Petites Sections qui accueillent, en septembre ou en janvier, des enfants qui n'ont pas encore trois ans. Certains de ces très jeunes enfants sont prêts à participer aux activités proposées alors que d'autres ont encore beaucoup de difficultés à accepter des règles contraignantes et sont davantage investis dans le plaisir de la manipulation.

Mes conceptions de l'apprentissage, très imprégnées du socio-constructivisme, sont bien en accord avec des acquisitions de connaissances ou de compétences dans la durée et très personnalisées. En effet, dans cet esprit, je pense que les connaissances visées vont s'élaborer, progressivement et par chacun à sa manière, au lieu d'être « enseignées » à tous de façon uniforme. Il y aura toujours une nouvelle occasion d'expérimenter, d'acquérir ce qui ne l'a pas été, de s'entraîner à la maîtrise d'une procédure, de mémoriser des résultats d'abord simplement observés, de revenir sur ce qui a été mal compris à un moment donné.

Apprendre par la résolution de problèmes

Mon travail a donc consisté principalement à essayer de construire des situations qui doivent permettre à chaque enfant de construire des connaissances nouvelles comme solutions à des problèmes. Les connaissances sont ainsi d'abord des « outils[3] », souvent implicites, sans statut explicite de connaissance, avant de devenir de réels « objets » d'étude, désignés par un nom précis qui permet de communiquer à leur sujet et utilisables dans de nouveaux contextes.

Il n'est pas habituel de parler de « problèmes » à l'école maternelle, surtout si on donne à ce mot le sens qu'il a longtemps eu d'exercice d'application qui n'est évidemment pas celui que je retiens. Je me suis appuyée sur la définition suivante[4] qui, si elle ne convient pas toujours, a le mérite d'être facile à utiliser :

« Un problème est une situation initiale avec un but à atteindre, demandant à un sujet d'élaborer une suite d'actions et d'opérations pour atteindre ce but. Il n'y a problème que dans un rapport sujet / situation où la solution n'est pas disponible d'emblée mais est possible à construire. »

Jean-François Richard[5], donnant une définition très proche de celle-ci, parle de « transformations » et non d'actions ou d'opérations, mais il prend soin de spécifier que ces transformations peuvent être « matérielles ou symboliques », ce qui me semble très important à préciser.

Le lecteur pourra faire fonctionner cette définition sur la plupart des situations contenues dans cet ouvrage. Par exemple sur la situation « Les embouteillages » du premier chapitre. Cette situation, qui se présente comme un jeu, amène chaque enfant, à partir d'une disposition de petites voitures, imposée par une « carte-problème » – la situation initiale – à faire avancer ou reculer certaines de ces voitures astucieusement choisies – élaborer une suite d'actions – pour libérer le passage de la voiture rouge et la faire sortir de l'embouteillage où elle se trouvait au départ – atteindre le but ! – Dans ce cas, l'objectif de la situation n'est pas la construction de connaissances nouvelles mais l'élaboration de méthodes de recherche. A l'école élémentaire et plus tard dans la scolarité, on parlerait de « problème ouvert »...

Dans d'autres cas, le problème proposé vise à construire une connaissance nouvelle. C'est le cas, par exemple, de la situation « Des boîtes bien rangées » du chapitre 5 dans laquelle l'enfant est invité à ranger des boîtes gigognes dans une valise un peu plus grande que la plus grande des boîtes. Les boîtes ont été présentées en vrac et aucune indication n'est donnée sur le fait qu'elles sont « gigognes », c'est à dire fabriquées pour « s'emboîter » très précisément les unes dans les autres, à condition de les organiser, de les ranger de la plus grande à la plus petite ou l'inverse... Parce que l'enfant se trouve devant un but à atteindre – mettre toutes les boîtes dans la valise – il va devoir prendre conscience de l'importance des tailles relatives des boîtes. Ici, on n'a pas d'abord « enseigné » à l'élève la sériation ; de façon qui peut sembler paradoxale, on lui donne l'occasion de la faire fonctionner alors qu'il ne la « connaît » pas encore, de la découvrir et de l'utiliser comme le bon outil pour résoudre le problème. Plus tard, la sériation pourra devenir un objet d'étude, mais ce n'est pas le moment.

3. C'est, de façon très schématique, ce que Régine Douady a désigné par la « dialectique outil-objet »

4. Due à Jean Brun, chercheur à l'IRDP de Neuchâtel

5. Psychologie française, Tome 29 - Armand Colin, 1984

On est loin des conceptions de l'apprentissage que je qualifie de façon simpliste de : « j'apprends, j'applique » !

Pour jouer leur rôle de moteur de l'apprentissage, les situations doivent avoir des caractéristiques bien particulières qui ont été principalement étudiées par l'équipe de l'IREM de Bordeaux sous la direction de Guy Brousseau, travail qui a abouti à la mise au point de la *Théorie des Situations*. On retrouvera ces caractéristiques à la rubrique « situation » des Points Clés. Mais je voudrais développer ici un point particulier dont il me semble indispensable d'être bien conscient quand on propose de telles situations. Ces situations doivent être « auto-validantes ». On indique par cette expression que c'est la situation elle-même qui doit permettre de valider les résultats obtenus. Si nous reprenons la situation des Embouteillages déjà évoquée, une fois bien acquises les règles licites de déplacement des voitures sur le plateau de jeu, l'enfant n'a pas besoin de l'avis de l'enseignant pour savoir s'il a réussi ou non la tâche qui lui était confiée : la voiture a pu sortir ou non. C'est bien une situation auto-validante. Il en est de même pour Les boîtes bien rangées : toutes les boîtes ont pu rentrer dans la valise et la valise est fermée…

Cette caractéristique est extrêmement contraignante et le lecteur attentif constatera qu'il n'en est malheureusement pas ainsi de toutes les situations proposées dans cet ouvrage.

Apprendre par imitation

Pourtant les enfants ne peuvent tout construire par eux-mêmes : ils peuvent et doivent profiter de l'expérience acquise par leurs aînés. Par exemple, ils n'inventeront pas le nom des nombres ! Ils les apprendront par la répétition, en entendant un camarade ou un adulte réciter la suite numérique. Ils sauront dire qu'ils habitent au « cent vingt cinq, rue Jules Ferry », bien avant d'avoir une idée de ce que signifie ce « cent vingt cinq », mais en ayant repéré la spécificité des mots-nombres utilisés dans cette expression !

De même, lorsqu'un enfant de Moyenne Section a des difficultés à dénombrer[6], il est important de bien repérer la nature de ses difficultés et de l'aider à les dépasser sans avoir toujours besoin de construire des situations spécifiques à cet effet. Par exemple, de nombreux enfants ont du mal à pointer efficacement les objets déjà dénombrés et les recomptent sans beaucoup de méthode. Nous avons choisi de leur montrer à séparer nettement les éléments déjà dénombrés de ceux qui ne le sont pas et avons, évidemment, constaté que leurs progrès étaient alors très rapides.

Il n'est pas simple de distinguer ce qui nécessite une réelle problématisation pour prendre sens de ce qui peut simplement s'acquérir par imitation ; et je peux m'être trompée parfois malgré toutes les précautions prises. D'autre part, même quand on est convaincu qu'il faut une « bonne » situation problème pour construire telle ou telle connaissance, il n'est pas toujours facile de la trouver !

6. *Cf.* les Points clés page 142.

Organisation de l'ouvrage

L'ensemble des situations est réparti en cinq grands chapitres centrés chacun sur un type de connaissances à acquérir, de manière à bien conserver la cohérence interne des apprentissages visés. Ce classement est loin d'être rigide et unique. Au départ, et pour simplifier l'entrée dans l'ouvrage, je pensais proposer un chapitre par période scolaire. Cette idée s'est vite avérée impraticable : d'abord, l'importance de chacun de ces chapitres n'est pas la même ; ensuite, il est souvent préférable de revenir sur certains points au cours de l'année. Pour faciliter une première utilisation de cet ouvrage, je propose un planning de répartition des situations, à titre indicatif : chaque enseignant pourra ensuite les organiser autrement. Les chapitres 2 et 3 sont complémentaires et abordent le thème : Des quantités aux nombres. Les articulations proposées entre la prise de conscience de la notion de quantité (chapitre 2) et le travail de quantification (chapitre 3) sont indispensables et se retrouvent dans la répartition proposée.

Les « points clés » veulent éclairer quelques points qui n'ont pas été explicités au cours des chapitres pour ne pas alourdir la lecture et faciliter l'utilisation des situations.

Une liste du matériel nécessaire à la mise en œuvre des situations permet de repérer rapidement ce qui peut être récupéré, sans achat, auprès des familles ou ce qui est déjà présent dans la plupart des écoles, ce qui devra être acheté, et ce qui peut être obtenu par photocopie des documents joints. Travaillant dans des écoles de ZEP, à l'exception d'une seule, j'ai eu à cœur que les questions financières ne soient pas un obstacle à l'utilisation de cet ouvrage et c'est souvent la question de l'auto-validation qui oblige à l'achat de matériels du commerce.

J'ai inséré une très courte bibliographie de manière à permettre à ceux qui le souhaitent d'aller plus loin. Je suis très consciente de son caractère limité mais je l'ai voulu « utilisable » et utile... et non preuve de mes propres lectures !

Le travail d'expérimentation, mené dans plusieurs classes, m'a montré que ces propositions ne sont pas toujours faciles à comprendre, à accepter et surtout à mettre en œuvre. Les effectifs des classes de l'école maternelle sont encore importants et il faut beaucoup d'énergie pour engager des situations qui doivent très souvent se dérouler en petits groupes. Je sais qu'il est beaucoup plus simple de proposer aux enfants de remplir des fiches. J'espère cependant faire la preuve que le jeu en vaut la chandelle. C'est aussi en montrant, ici mais aussi dans d'autres domaines comme celui de la construction de la langue orale ou de l'approche de l'écrit, etc., la nature des apprentissages visés et leurs exigences qu'il sera possible d'argumenter en faveur de classes moins chargées.

Programmation possible

Les nombres indiquent les périodes proposées.

A PS B MS

Chapitres	Situations	A	A	B	B	B
1 Apprendre à chercher p. 15	• Bouquets variés	1				
	• Le parcours de boules	1				
	• Abaques	3		1		
	• Rails	4		2		
	• Embouteillage	4	5	2	4	5
2 Des quantités aux nombres : Première partie p. 35	• Les boîtes d'œufs	2	3			
	• Le goûter des poupées	3				
	• Piste au trésor			1		
	• Le meilleur choix			2		
	• La tournée du Père Noël			3		
	• Les compléments			4		
	• Gâteaux d'anniversaire			4		
	• Les paires de boîtes			5		
3 Des quantités aux nombres : Deuxième partie p. 61	• Évaluation préalable			1		
	• Les bonnets de doigts	4		1	si nécessaire	
	• Cartes à points	5		2		
	• Jeux de construction			3		
	• La marchande			3		
	• Livres à compter			4		
	• Découverte des jeux de cartes			4		
	• Réussites			5		
4 Observer pour comprendre p. 87	• Une « énorme » collection	2	3			
	• Doubles escaliers			1		
	• Concours de paires			2		
	• Mini-collection			2		
	• Exposition de la collection	5		5		
	• A chaque contenant son couvercle			3		
	• Jeux de portrait			4		
	• L'un ou l'autre			5		
5 Les grandeurs et leurs mesures p. 109	• Les trois ours	2				
	• La toise	3		2		
	• Les poupées	4		2		
	• Des boîtes bien rangées	5				
	• La plus grande tour			3		
	• Les tours identiques			3		
	• A chaque boîte son couvercle			4		
	• Les cinq tours alignées			5		
	• Les cartes postales			5		

Cette programmation n'est donnée qu'à titre indicatif et peut facilement être modifiée en fonction des contraintes de chaque classe. Lorsque des situations sont liées, cette indication est donnée dans le chapitre correspondant. Par exemple, dans le chapitre 5, les situations sur les boîtes gigognes ont été hiérarchisées.

Liste du matériel nécessaire

Chapitres	A acheter	Fournis dans l'ouvrage	Présents dans les classes ou à récupérer auprès des familles
1 Apprendre à chercher	• Le boulier Nathan Tourbillon, 42€* • Les abaques • Les rails • Les embouteillages : Rush Hour, Binary Arts, 19,95€*	• Plateaux des bouquets • Cartes-problèmes pour abaques et rails • Cartes problèmes pour embouteillages	• Pions du type Maxi-Coloredo Nathan, 59€*
2 et **3** Des quantités aux nombres	• Boîtes gigognes IKEA de six couleurs, • Perles chinoises ou autres très petits objets identiques en grandes quantités • Petits jouets pour les kermesses	• Piste du jeu du trésor • Cartes à points • Tableau de nombres • Bandes numériques	• Châtaignes • Boîtes à œufs • Boîtes de cacao • Petites boîtes du genre boîtes de cigarillos • Petits plateaux Corbeilles • Pions, jetons, dés • Gants d'enfants dépareillés • Jeux de cartes • Petits sacs de congélation • Jeux de constructions
4 Observer pour comprendre	• Jeux de 52 cartes		• Bouchons en plastique • Boîtes à chaussures, • Cartons, • Flacons divers avec couvercles
5 Les grandeurs et leurs mesures	• Jeu « Les trois ours », La Redoute • Jeu « 1, 2, 3... Ploum », Nathan • Deux séries des douzes boîtes gigognes, IKEA, unicolores • (tours) Cubes EDRALUD 16 (edrasystème réf. 29 395 ASCO – CELDA)	• Habits des ours • Poupées • Problèmes-tours • Cartes postales	• Gommettes • Gommettes-nombres • Etiquettes-nombres

* prix relevés en 2004.

Bibliographie

- Baucomont (Jean), Guibat (Frank), Communauté des radios publiques de langue française (éditeurs scientifiques), *Les comptines de langue française*, recueillies et commentées par Baucomont (Jean), Guibat (Frank), Tante Lucile, Pinon (Roger), Soupault (Philippe), Paris : Seghers, 1971, coll. « P.S. »
- Bideaud (Jacqueline) et al., *Les chemins du nombre*, PUL, 1991
- Briand (Joël), Chevalier (Marie-Claude), *Les enjeux didactiques dans l'enseignement des mathématiques*, Hatier, 1995
- Brugères (Gilles), « Jeu et objectifs pédagogiques : une approche comparative de l'éducation préscolaire », in *Revue Française de Pédagogie*, n° 119, INRP, 1997
- Bruley (Marie-Claire), Tourn (Lya), illustrations de Dumas P.(Philippe), *Enfantines*, L'Ecole des Loisirs, 1988 (Prix « Sorcières »1989 décerné par l'Association des Libraires Jeunesse)
- Cèbe (Sylvie), Goigoux (Roland), « L'influence des pratiques d'enseignement sur les apprentissages des élèves en difficulté », *Cahiers Alfred Binet : Les violences à l'école*, n°661, 1999
- Cèbe (Sylvie), Paour (Jean-Louis), Goigoux (Roland), *CATEGO - Imaginer pour apprendre à catégoriser*, Hatier, 2002
- Charnay (Roland), « Apprendre par la résolution de problèmes », *Grand N*, n°42, 1988
- Charnay (Roland), « Les enseignants de mathématiques et les erreurs de leurs élèves », *Grand N*, n°45, 1989
- Charnay (Roland), Douaire (Jacques), Guillaume (Jean-Claude), Valentin (Dominique), « Chacun, tous, différemment... ! Différenciation en Mathématiques au cycle des apprentissages. », Rencontres Pédagogiques, n°34, INRP, 1995
- Douady (Régine), « Jeux de cadres et dialectique outil-objet », *Recherches en didactique des mathématiques*, vol 7/2, Grenoble : Ed. La Pensée Sauvage, 1986
- Fayol (Michel), *L'enfant et le nombre*, Ed. Delachaux et Niestlé, 1990
- Lecoutre (Bruno), *Recherche et traitement de l'information dans la découverte d'une règle de classification*, Paris : CNRS, 1976, coll. « Monographies françaises de psychologie », n°38
- Piaget (Jean), *La genèse du nombre chez l'enfant*, 1941
- Ragot (Anne-Marie), Assuied (Richard), « Apprendre dans des situations complexes », *L'Ecole Valdôtaine*, n° 48, Sept. 2000 également consultable sur Ecole Valdôtaine, *Site de L'Ecole Valdotaine* [En ligne], http://www.scuole.vda.it (Page consultée le 16 juillet 2004)
- Salin (Marie-Hélène), Loubet (Martine), « Elaboration et lecture de listes », *Grand N : Spécial Maternelle,* Tome1 : Approche du nombre
- Salin (Marie-Hélène), « Le jeu des partitions en maternelle », *Grand N*, n°47, 1990
- Vergnaud (Gérard), « La théorie des Champs Conceptuels », *Recherches en didactique des mathématiques*, vol 10/2,3, Grenoble : Ed. La Pensée Sauvage, 1990

Revues

- *La revue des livres pour enfants*, n°199-200 : « Lire pour compter, compter pour lire », juin 2001
- *Grand N : Spécial Maternelle*, deux tomes, IREM de Grenoble
- *Grand N*, IREM, Grenoble, 1974-, résumés des articles depuis le n°47 sur le site du CRDP de Grenoble, *CRDP de l'académie de Grenoble « Le savoir partagé »*, [En ligne], http://www.crdp.ac-grenoble.fr/IMEL/ (Site consulté le 16 juillet 2004)

Sur les jeux

- Berloquin (Pierre), *Réussites et Patiences*, Ed. Marabout, 1980
- *Les réussites ou patiences*, Ed. Bornemann, 1984

CHAPITRE 1

Apprendre à chercher

Ce n'est pas assez de faire des pas qui doivent nous conduire au but, chaque pas doit être lui-même un but en même temps qu'il nous porte en avant.

Goethe

« L'école maternelle permet à l'enfant d'exercer sa curiosité en découvrant, au-delà de l'expérience immédiate, quelques-uns des phénomènes qui caractérisent la vie. [...] L'enfant apprend **à formuler des interrogations plus rationnelles, à anticiper des situations, à prévoir des conséquences, à observer les effets de ses actes, à construire des relations entre les phénomènes observés,** à identifier des caractéristiques susceptibles d'être catégorisées. Il s'essaie à raisonner. Bref, il expérimente les instruments du travail intellectuel qui permettent de décrire la réalité, de la quantifier, de la classer, de la mettre en ordre, en un mot de la comprendre. [...]

Les activités qui concourent à l'acquisition de compétences spécifiques à chacun des domaines permettent également de développer des compétences transversales : attitudes face aux apprentissages, méthodes. La curiosité, l'envie de connaître, l'affirmation de soi, le respect des autres, l'autonomie sont autant de comportements qui sont sans cesse encouragés.

L'attention, la patience, la concentration doivent régulièrement sous-tendre l'observation comme l'action. En s'habituant à mettre en jeu son activité de manière ordonnée (participation à l'élaboration du projet, aux tâches suggérées, à la réflexion sur l'action et son résultat ; repérage des informations pertinentes, organisation des données, mémorisation des étapes de la séquences et des résultats obtenus...) , l'enfant se dote d'une première méthodologie de l'apprentissage. »

Instructions Officielles 2002

Les situations proposées :

Les situations proposées visent à développer l'envie et la capacité de chercher. Même si certains contenus sont également travaillés, l'attention est d'abord centrée sur les méthodes de travail.

A l'exception de la situation 1, ces situations nécessitent chacune l'utilisation d'un matériel spécifique qu'il faut acheter dans le commerce : il n'est guère possible de s'en passer car ces matériels créent des contraintes techniques qui sont indispensables.

Par exemple, dans la situation des « rails », le matériel limite les déplacements ce qui oblige à organiser les actions. Il en va de même dans les « embouteillages », même si nous avons été amenés à aménager le jeu initial pour le rendre accessible à des enfants de 3-4 ans.

Situation 1

PETITE SECTION

Bouquets variés

La situation, proposée dès le début d'année, permet à l'enseignant de mener un atelier de 4 joueurs en interaction et de faire le point sur leurs capacités à écouter et à suivre les consignes. Elle permet aussi de repérer leurs connaissances des couleurs qui seront si souvent utilisées dans les activités de Petite Section.

OBJECTIFS

- Respecter les règles du jeu et contrôler la réussite.
- Observer une propriété caractéristique, ici la couleur, et ne pas prendre deux fois la même.
- Nommer les couleurs (activités 2 et 3).

MATÉRIEL

- 50 pions environ, de la taille du cœur des fleurs et de 12 couleurs différentes (pions d'un jeu de mosaïques par exemple, bien qu'ils soient un peu petits)

activités 1 et 2 :

- 1 plateau de jeu par enfant sur lequel est dessiné un vase et le contour de **6 fleurs** avec un cœur vide → *fiche matériel 1*

activité 3 :

- 1 plateau de jeu sur lequel sont dessinés un vase et le contour de **12 fleurs** avec un cœur vide → *fiche matériel 2*
- 2 dés couleurs sur les faces desquels sont reportées des gommettes de la même couleur que celles des pions : un dé comprend 6 couleurs et l'autre dé les 6 couleurs restantes

MOTS ET EXPRESSIONS SPÉCIFIQUES

Même, différent, noms des couleurs, clair, foncé

Cet habillage peut être modifié en fonction des centres d'intérêt de la classe. L'enseignant pourra, par exemple, choisir 8 couleurs sur les 12 et les faire varier d'une partie à l'autre.

Atelier dirigé de 4 enfants

Activité 1 Chacun se sert

But à atteindre : *Placer sur chaque fleur du plateau un cœur d'une couleur différente. Les cœurs sont représentés par les jetons.*

Après un temps d'appropriation du matériel, l'enseignant place lui-même des pions de couleur sur les cœurs des fleurs d'un même plateau. Il explique que ces cœurs ne doivent pas être de la même couleur. Il commence par respecter la règle et demande à chaque fois qu'il pose un pion si la consigne est bien respectée. Puis il commet une erreur et attend de voir si les enfants la repère. Si aucun enfant ne voit que deux cœurs sont maintenant de la même couleur, il le montre lui-même : « Je ne peux pas prendre encore un cœur rouge. Qui voit pourquoi ? ».

Lorsque la règle semble comprise par 2 ou 3 enfants au moins, le jeu peut commencer. Chaque enfant se sert à son tour dans la boîte de pions et ne prend qu'un pion. La validation (il n'y a pas deux cœurs de la même couleur et toutes les fleurs ont un cœur) se fait en fin de partie. Il n'y a pas de « gagnant », mais chacun sait s'il a pu réaliser la tâche prévue.

Très rapidement, les joueurs voient les erreurs de leurs camarades et les signalent en cours de partie. On peut décider alors de proposer au joueur qui s'est trompé de retirer le mauvais pion, mais pas de le remplacer. Ce joueur n'aura pas rempli son bouquet en même temps que ses camarades, mais pourra continuer tout en prenant conscience de son retard. Si on le laissait changer de couleur en cours de partie, cette prise de conscience se ferait moins bien.

3 joueurs et 1 marchand

Activité 2 Commande au marchand

Le but à atteindre est le même que dans l'activité 1.

Au départ, l'enseignant joue le rôle du marchand, puis se fait remplacer par un enfant.

Le **marchand** dispose des pions et les fournit à la demande. Chaque enfant doit maintenant **commander** un pion d'une couleur qu'il n'a pas encore prise.

Lorsque le marchand est un enfant, l'enseignant veille à ce que le marchand fournisse bien **la couleur demandée** en interrogeant le joueur : « C'est bien cette couleur que tu veux ? » Si la couleur fournie n'est pas celle qui est demandée, c'est le joueur qui est invité à la refuser.

3 joueurs et 1 marchand

Activité 3 Le dé coquin

Cette fois-ci, les enfants disposent de plateaux de jeu où sont dessinées 12 fleurs ainsi que 2 dés couleurs. Chaque joueur **choisit**, à son tour, l'un des 2 dés couleurs et le lance. Mais c'est un dé coquin, un dé qui « empêche » et non un dé qui « exige », car le joueur **ne peut pas** choisir la couleur donnée par le dé.

Puisqu'il y a 12 fleurs et 12 pions de couleurs différentes, le jeu consiste à prendre un pion de chaque couleur, quel que soit l'ordre dans lequel ces pions sont pris.

Un début de stratégie est nécessaire, surtout en fin de partie. Par exemple un enfant qui a l'intention de prendre un pion rouge aura intérêt à lancer **le dé qui ne contient pas** de rouge… Il est clair toutefois que les enfants ne font pas ce raisonnement au départ.

Dans les activités 1 et 2, le dé n'apparaît pas de manière à ce que l'enfant soit amené à choisir ce qu'il veut à chaque coup.

Dans l'activité 3, il y a deux choix possibles : celui du dé, puis celui d'une couleur autre que celle donnée par le dé choisi. Le fait de devoir prendre 12 pions peut rendre la partie bien longue : il faut donc jouer rapidement, quitte à être amené à passer son tour si la commande n'est pas assez rapide... Cette contrainte peut amener les enfants à préparer leur commande : « Cette fois-ci je vais prendre un pion vert clair... ».

Pour aller plus loin

Variantes possibles

- **Le nombre de fleurs et le nombre de couleurs** peuvent varier de manière à s'adapter aux difficultés éventuelles des enfants (plateaux de jeu à refaire dans ce cas), excepté dans la dernière étape.
- L'activité 2, étape de commande, oblige chaque enfant à **nommer les couleurs.** L'enseignant peut varier les couleurs proposées, par exemple en éliminant progressivement les couleurs bien connues des enfants de manière à attirer leur attention sur les autres : rose, violet, marron, noir, vert clair et vert foncé, bleu clair et bleu foncé. Dans ces deux derniers cas, l'enfant devra prendre conscience de l'importance de chaque mot de sa commande : s'il commande du vert alors qu'il a besoin de vert foncé, il ne sera peut-être pas satisfait.
- **L'habillage peut changer** en cours d'année (par exemple au moment d'introduire l'activité 3) de manière à éviter le désintérêt des enfants pour ce jeu.

Evaluations possibles

L'enseignant peut focaliser ses observations sur chacun des points suivants :

- capacité à se tenir à la tâche du début à la fin ;

- capacité à contrôler la tâche en fin de partie : j'ai mis 2 verts, il reste un cœur vide ;

- mémorisation du nom des couleurs : extension du champ connu.

Situation 2

Petite Section

Le parcours de boules

Objectifs

- Apprendre à se tenir à une tâche et à décider soi-même de son achèvement.
- Enchaîner plusieurs actions sans perdre le but à atteindre et automatiser les actions efficaces.

Matériel

- Un boulier à spirales

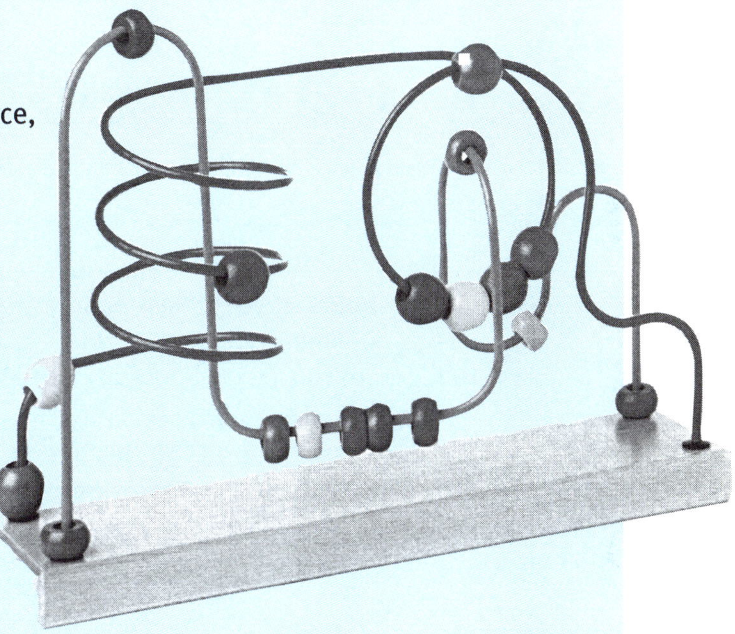

Parmi les « bouliers » proposés dans le commerce, certains sont beaucoup trop simples, d'autres, avec plusieurs circuits, inutilement compliqués par rapport aux objectifs d'apprentissage visés. Celui que nous avons utilisé[1] comprend 2 circuits dont l'un, vert, est trop simple pour l'âge des enfants (nous n'en parlerons pas ici) et l'autre, rouge avec 8 boules, comporte deux difficultés :

- une spirale à spires empilées verticalement ;
- une boucle emboîtée dans le circuit vert.

Mots et expressions utilisés

Avancer, reculer, une seule à la fois, une par une, toutes ensemble, en une seule fois.

Cette situation est d'abord, pour l'enseignant, une situation de repérage des attitudes des enfants. Elle centre les enfants sur le but à atteindre en respectant un certain nombre de consignes.
Il ne s'agit pas d'« apprendre » aux enfants les déplacements efficaces mais de leur donner l'envie de réaliser la tâche, la conscience qu'il faut être attentif, concentré, pour la mener à terme et la possibilité de tirer partie de ses erreurs, s'il y en a.

1. Matériel éducatif Nathan (« Tourbillon » Réf. 309 375 050 4) au prix de 42 au catalogue 2004.

Atelier dirigé avec 1 joueur et 1 observateur

Activité 1 Avancer les boules une à une

But à atteindre : *Faire passer une à une toutes les boules de gauche à droite, en commençant donc par « monter » la spirale.*

L'enseignant explique l'activité : « Tu vois, il y a beaucoup de boules ici (montrer). Tu vas les amener **une par une, une seule à la fois,** là (montrer). »

L'adulte ne montre rien d'autre, mais verbalise les actions : « La boule avance, ça va, elle monte, etc. ». Ou bien il questionne : « Est-ce que la boule va arriver au bout ? Est-ce que tu crois qu'elle avance bien ? Qu'est-ce que tu veux faire avec la boule ? Où doit-elle aller ? »

Lorsqu'une boule est parvenue au but, l'adulte invite l'enfant à déplacer la suivante s'il ne se souvient pas que la tâche consiste à **amener chacune des boules au but.**

Atelier dirigé avec 1 joueur et 1 observateur

Activité 2 Ramener les boules toutes ensemble

But à atteindre : *Ramener les boules toutes ensemble, de gauche à droite, en une seule fois.*

L'enseignant explique la nouvelle tâche : « Maintenant que tu as réussi à amener chaque boule là, tu vas les ramener ici (montrer le point de départ), mais cette fois-ci tu vas les ramener **toutes ensemble, en une seule fois.** » ou « Maintenant que tu as réussi, tu ramènes **toutes les boules ensemble pour les ranger** ».

Pour ramener toutes les boules en une seule fois, il faut pousser le « train » de boules à partir de la dernière. Pour les enfants qui n'arrivent pas à comprendre le nouveau but à atteindre, on peut d'abord proposer d'amener les boules **« deux par deux »**.

Le changement de tâche constitue une grande difficulté, en particulier pour les enfants qui ont eu du mal dans l'activité 1. En effet, une fois mise au point la procédure de déplacement, le fait d'avoir répété ce mouvement 8 fois pour amener chaque boule au but, les enfants sont « lancés » et prêts à continuer sans se lasser. Il y a donc souvent un petit flottement et l'enseignant doit refuser chaque tentative de déplacement des boules une à une.

La situation n'étant malheureusement pas auto-validante, seul l'adulte est garant du respect des règles d'action possibles. Si l'enfant ramène chaque boule une à une, il aura l'impression d'avoir réalisé la tâche parce que la contrainte « en une seule fois » lui a échappée. De plus, nous avons constaté que l'expression « en une seule fois » est perturbatrice, l'idée de « une seule » s'appliquant alors, dans la tête des enfants, aux boules. Enfin, certains enfants comprennent ce qu'il faut faire, mais ne pensent pas à partir de la dernière boule. On le voit dans le fait qu'après avoir pris la première boule, ils s'arrêtent en regardant celles qui restent. Si tel est le cas, il est préférable de reporter cette activité à un autre moment, ce qui permet de bien préciser le nouveau contrat au lieu d'induire la procédure.

Prolongements possibles

Deux boules isolées

La première boule de la série est placée dans le bas de la boucle et la suivante en haut de la spirale. Il s'agit de les ramener à leur point de départ.

Les difficultés viennent du repérage du sens de déplacement à trouver.

Une seule boule à déplacer

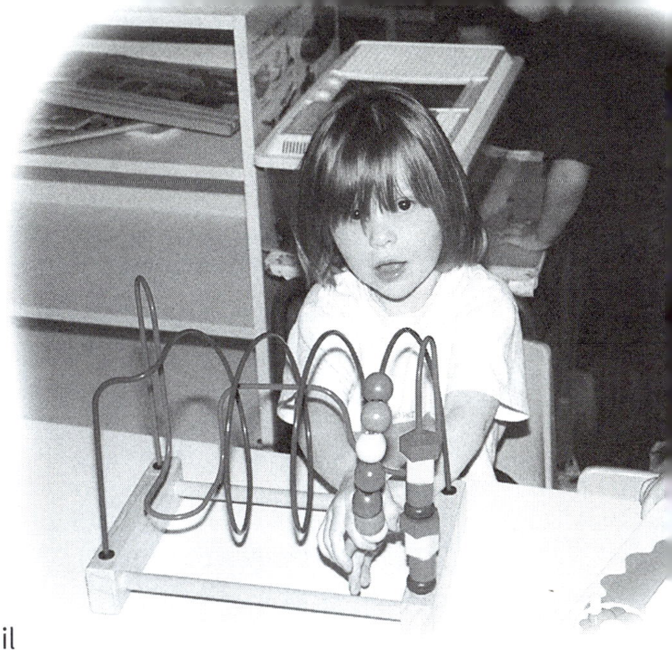

Une seule boule est positionnée dans le bas de la boucle : « Cette fois-ci, c'est toi qui va choisir où va aller la boule rouge, où veux-tu l'amener ? » (choix de l'enfant) Comment vas-tu faire pour l'amener là où tu as décidé ? (Verbalisation préalable à l'action.)

Dans cette activité, la verbalisation préalable demande une double compétence : il faut pouvoir d'une part se représenter un trajet sans l'exécuter et, d'autre part, le mettre en mots. Nous savons bien que les enfants de Petite Section ne disposent pas toujours de ces compétences langagières. Cette activité ne peut donc être proposée à tous, mais tous les enfants peuvent observer.

Pour aller plus loin

Les procédures observables

Un code chiffré est proposé pour faciliter les repérages, à la fois sur le plan de la progression de chaque enfant et pour obtenir une photographie rapide de l'ensemble de la classe.

Activité 1 : Avancer les boules une à une

Prise en compte de la tâche (1er code)

0 : Refuse la tâche

4 : Reste assis et observe les boules sans agir

3 : Bouge les boules dans tous les sens

2 : Retient le but à atteindre mais n'arrive pas au bout pour toutes les boules

1 : Déplace les boules une à une

Progression vers le but (2e code)

0 : Change de sens sans en avoir conscience

5 : Déplace bien la première boule sans hésitation mais s'arrête ensuite ; l'adulte doit relancer après chaque boule

4 : Revient en arrière mais prend conscience de l'erreur et repart

3 : Coordonne les actions des deux mains dans la spirale mais ne va pas au bout

2 : Utilise un algorithme stable

1 : Enchaîne sans intervention de l'adulte le déplacement de chaque boule

Activité 2 : Ramener toutes les boules ensemble (3e code)

0 : Refuse la tâche

4 : Déplace les boules une à une

3 : Prend plusieurs boules, mais pas toutes et pas toujours les mêmes

2 : Comprend qu'il suffit de déplacer la dernière boule mais ne s'y tient pas

1 : Déplace le train de boules à partir de la dernière

Les procédures de chaque enfant sont donc repérées par un code à trois chiffres s'il a accepté de démarrer l'activité ou par un seul 0 dans le cas contraire. Il est clair que ce codage est un outil et non une fin. Chaque enseignant doit pouvoir faire un bilan des compétences de chaque enfant en utilisant les outils qui lui conviennent !

Sur le vif

Observations en octobre dans une classe comportant un tiers d'enfants de moins de 3 ans

Les enfants qui comprennent ce que l'on attend d'eux ont quelquefois du mal à rester longtemps concentrés car il leur est difficile de faire avancer une boule après l'autre. Dès qu'ils réussissent, ils ont beaucoup de plaisir à refaire. Deux élèves ne sont pas restées, incapables de se concentrer (mais peuvent réussir quelques semaines plus tard). En revanche d'autres enfants, qui avaient du mal à réussir chacune des deux activités, sont revenus pour regarder d'autres enfants faire. Les spectateurs sont autorisés à rester avec nous à condition de ne pas toucher, seulement de parler.

Ils font des commentaires sur l'avancée ou le retour de la boule et aident l'observateur dans son rôle de guide. Le fait que l'enfant observateur tienne le fil (dans cette classe l'enseignant demande à l'observateur de poser la main sur la tige, à l'endroit où les boules doivent aboutir) lui permet de «s'accrocher », de se sentir plus actif. Cela justifie sa présence.

Melissa (111) déplace bien les boules une à une (1), enchaîne le déplacement des boules sans intervention de l'enseignant (1) et enfin, quand il faut ramener toutes les boules en une seule fois, pousse l'ensemble des boules à l'aide de la dernière (1), d'où le code 111. Mélissa a tout réalisé très rapidement et la situation n'a plus d'intérêt pour elle sur le plan de l'apprentissage. Par contre, cette petite fille, au départ très en retrait, se montre très heureuse d'avoir réussi et désire recommencer. Elle pourra reprendre cette activité en « jeu libre ».

Alexandre (140), qui était déjà dans la classe l'année précédente comme « préscolaire », est très heureux de venir jouer mais rencontre vite des difficultés et commence par se perdre dans le sens du déplacement. Il réalise ensuite qu'il faut faire très attention. Il parvient à amener chaque boule au but mais de façon très laborieuse à chaque fois, comme s'il ne pouvait pas encore tirer profit de l'expérience.

Leila (0) vient voir ce que font ses camarades mais ne s'y met pas. Elle sera à nouveau sollicitée quelques semaines plus tard.

Situation 3

PETITE SECTION

MOYENNE SECTION

Abaques

La situation 3 et la situation 4 utilisent les mêmes cartes-problèmes que nous appelons ici carte-modèles.
La situation 3 est proposée aux enfants qui ne comprennent pas l'idée de « modèle ». En Moyenne Section, elle sera réservée aux enfants qui ne parviennent pas à réussir la situation 4.

OBJECTIFS

- Prendre conscience de la notion de « modèle » à copier.
- Respecter un ordre vertical (les anneaux à disposer étant soumis à la pesanteur) avec un modèle horizontal

MATÉRIEL PAR ENFANT

- 3 abaques individuels ou un support comprenant 3 abaques liés

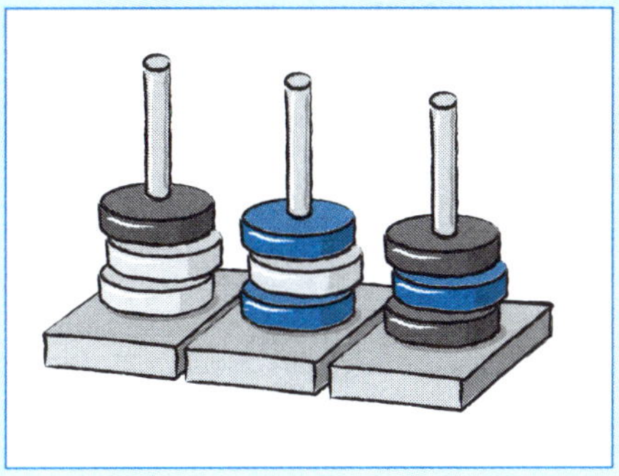

- 12 anneaux (3 rouges, 3 jaunes, 3 verts, 3 bleus)
- des cartes-modèles à présenter avec le trait horizontal en bas → *fiches matériel 9 à 12*
- une carte modèle vierge (activité 2) → *fiche matériel 3*

MOTS ET EXPRESSIONS UTILISÉS

Dessus, au-dessus de, dessous, au-dessous de, entre.

Atelier dirigé de 4 enfants (2 joueurs et 2 observateurs)

ACTIVITÉ 1 Copier une carte-modèle sur les abaques

BUT À ATTEINDRE : *Placer 9 anneaux sur les abaques (verticaux) à la même place que les « gommettes » dessinées sur chaque carte-modèle (horizontale).*

L'enseignant donne une carte-modèle, les 3 abaques et 12 anneaux à chaque joueur et explique le but à atteindre. Les cartes-modèles sont présentées avec le trait horizontal en bas de façon à ressembler à l'abaque.

Quand un joueur pense avoir réalisé une copie conforme au modèle, il demande l'avis de « son » observateur. Si les deux enfants sont d'accord, l'enseignant valide ou non avec eux et les rôles sont inversés avec une autre carte-modèle.

Lorsque les 4 enfants ont bien compris en quoi consiste la tâche, l'atelier devient autonome et chaque enfant vient chercher une nouvelle carte-modèle.

Activité 2 Travail différencié

• Les enfants, qui ont réussi 2 ou 3 cartes-modèles sur les abaques, passent à la **situation 4**.

• Si un enfant ne parvient pas à repérer l'ordre dans lequel il faut placer les anneaux (ordre contraint par la pesanteur), l'enseignant propose à cet enfant de copier une carte-modèle **à l'horizontale** : sur une feuille de papier sur laquelle sont dessinées 3 tiges composées de 3 disques non colorés et un repère du socle, l'enfant doit placer 3 jetons (rouge, jaune et vert) dans le même ordre que le modèle. Les jetons sont, si possible, un peu plus gros que les « gommettes » dessinées des cartes-modèles.

• Si, même dans la copie à l'horizontale, l'enfant ne semble pas comprendre le rôle du modèle, l'enseignant lui propose de copier un modèle **sur la carte-modèle** elle-même avec des jetons identiques à ceux du modèle.

• Enfin, une autre stratégie, pour les enfants qui semblent perturbés par la présence des trois tiges, consiste à ne donner à copier qu'une seule tige à la fois.

carte-modèle

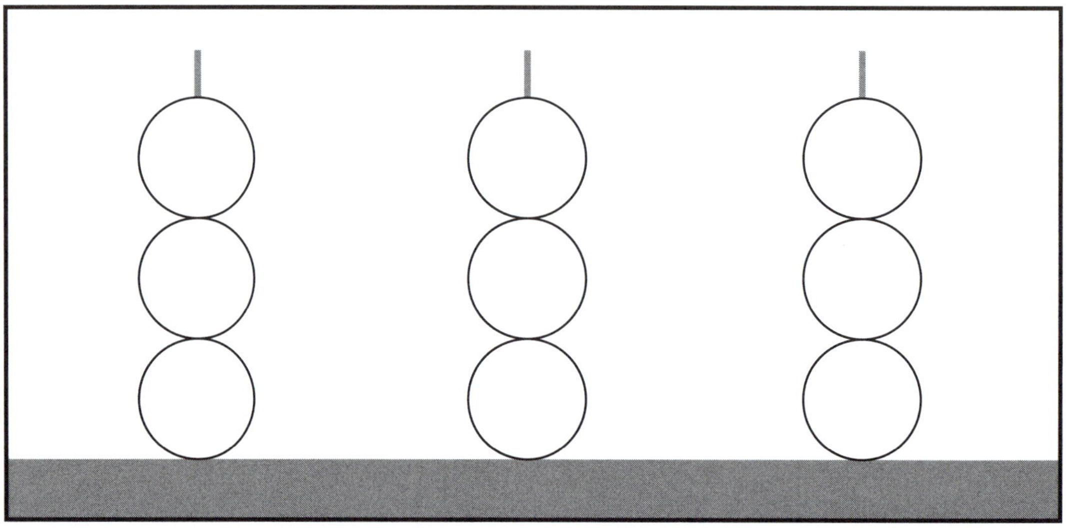

carte vierge

Sur le vif

Quelques observations en octobre d'une Petite Section

Lucas ne peut pas copier le modèle, pas même une seule tige. Il empile des anneaux sans référence au modèle. L'enseignant essaie de lui faire suivre les gommettes du modèle avec son doigt, sans succès. Lucas rencontre plusieurs difficultés : il ne connaît pas le nom des couleurs primaires et il n'est pas certain qu'il aie même compris l'idée de couleur puisqu'il prend, par exemple des anneaux bleus alors que le modèle ne contient aucun bleu. D'autre part, alors que le **modèle** doit être compris ici comme un **codage** d'actions, Lucas voudrait placer les anneaux sur les gommettes du modèle : il ne voit pas que le modèle lui fournit seulement des informations.

Valentine commence par empiler des anneaux d'une même couleur sur une tige, sans référence au modèle (c'est une enfant qui commence toujours par faire un tri par couleur, quelle que soit la consigne !). Très vite elle comprend qu'il s'agit de reproduire un modèle, mais elle prend d'abord l'anneau qui devra être en haut ! Elle constate elle-même son erreur et la lie aux effets de la pesanteur même si elle n'a pas le vocabulaire adéquat pour l'exprimer... Elle dit « le rouge il veut pas tenir en haut » ! Elle trouve alors une stratégie lui permettant de prendre en premier ce fameux rouge qui devrait être pris en dernier : elle le met dans sa main gauche, en attente, place les deux autres dans le bon ordre et enfin le rouge. Elle utilise 5 fois de suite cette procédure avant de découvrir qu'elle n'a pas besoin de prendre celui du haut en premier. Le fait que cette enfant ait été capable de se tenir à la tâche, et ait eu besoin de 6 coups pour construire la procédure experte, nous semble très important à noter. On n'apprend pas en une seule fois et il est indispensable de permettre à chaque enfant de faire évoluer ses propres procédures à son rythme.

Liliane pose d'abord les 3 anneaux qui se trouvent au bas des 3 tiges, puis ceux du milieu et pour finir ceux du haut. C'est la première enfant qui utilise une telle procédure prenant tout de suite en charge l'ensemble des 3 tiges.

Abderamane utilise la même procédure que Valentine et a besoin de 8 essais pour réussir à placer les anneaux directement dans le bon ordre.

Situation 4

FIN PETITE SECTION ET MOYENNE SECTION

Rails

OBJECTIF

- Organiser une suite de déplacements.

MATÉRIEL

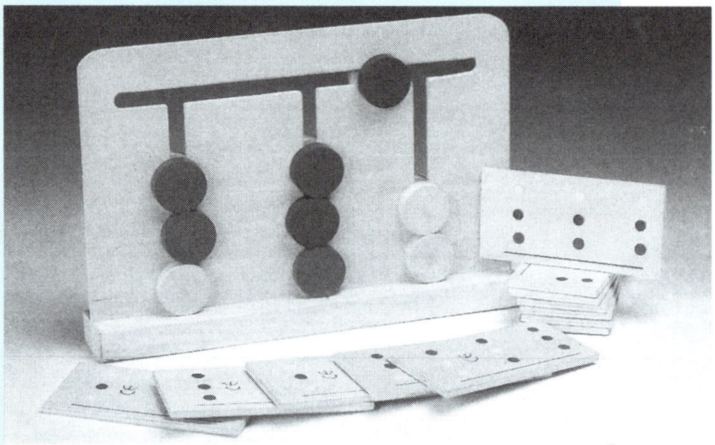

- Le jeu des rails
On trouve dans le commerce[2] une série de jeux tous conçus de la même façon à quelques variantes près. Celui que nous avons utilisé[3] a les caractéristiques suivantes :
- 9 pions (3 rouges, 3 jaunes et 3 verts, ici respectivement bleus foncé, jaunes, bleu clairs) peuvent glisser dans des « rails » dont l'un est horizontal et les 3 autres verticaux. Ces 4 rails communiquent entre eux, ce qui permet aux pions d'être déplacés sur l'ensemble de ces rails.
- 9 cartes-problèmes indiquant la position où doivent se trouver chacun des 9 pions à la fin du jeu → *fiches matériel 9 à 12*

MOTS ET EXPRESSIONS UTILISÉS

Dessous, dessus, entre, en bas, en haut, extrémités, rails, garages.

Travail individuel, en autonomie après explication de la tâche

BUT À ATTEINDRE : *Amener les 9 pions à l'emplacement déterminé par chaque modèle.*

L'enseignant montre le plateau de jeu à l'enfant et lui donne une carte-problème. L'enfant est invité à déplacer les pions pour les amener « comme sur le modèle, à la même place ».

L'enseignant explique le rôle des « garages » (qui ne sont pas visibles en tant que tels) situés à chaque extrémité du rail horizontal. Il précise de plus qu'il ne faut pas « forcer » sur les pions : « Si on met 4 pions sur un rail, on ne peut plus faire passer un pion

2. Par exemple chez M. Berrous, 30, rue Ticquetonne 75002 Paris, tel : 01 45 08 07 81 ou 01 42 33 48 09 réf. 55188, Initiation, prix en décembre 2000 : environ 21 €.

3. Ce jeu est également au catalogue Ludic (17, rue de la Révolution, 93100 Montreuil, tel : 01 48 58 52 27), mais dans une version à 4 rails verticaux qui nous a semblée trop complexe pour les PS mais peut être intéressante en MS : il faut alors refaire les cartes.

au-dessus. ». L'enseignant vérifie que l'enfant a bien compris le but à atteindre et respecte les règles d'action. L'enfant résout seul le problème.

Comme on le voit, en Moyenne Section, il ne s'agit pas d'aller du simple au complexe, mais au contraire de partir de la situation complexe –les rails- et de proposer des copies de modèles avec moins de contraintes **si nécessaire** et uniquement pour les enfants qui en ont besoin, en ciblant les difficultés rencontrées.

En Moyenne Section, certains enfants ont encore du mal à réussir la situation des rails. En particulier, l'ordre sur un rail n'est pas bien respecté (d'où l'intérêt de proposer des « modèles » non symétriques : par exemple avec RJV et non RVR dont la réussite reste ambiguë).
Pour d'autres enfants, il est parfois utile de montrer comment suivre le modèle avec son doigt car les enfants passent d'un rail à l'autre et ne savent jamais où ils en sont. Il faut également verbaliser les suites pour eux avant qu'il ne le fassent eux-mêmes : « Rouge, Jaune, Vert ». Cette verbalisation a pu aider, par exemple, un enfant qui ne distinguait pas la suite RJR de JRJ.

Pour aller plus loin

Les pions empêchant d'autres pions de se déplacer ne peuvent être simplement enlevés. Il faut donc **organiser les actions.** Ce problème d'obstruction se retrouvera aussi dans la situation 5 des embouteillages.

La situation a, de ce fait, plusieurs intérêts dont le principal concerne la résolution de problèmes. Mais, plus clairement peut-être que pour la situation des embouteillages, il est possible d'identifier les connaissances ou les compétences qui permettent à un jeune enfant de mener la tâche jusqu'au bout :

1) Au niveau topologique :

- identification des 3 rails et positions respectives ;
- repérage du haut et du bas de chaque rail : « le jaune est **sous** le rouge », « le **vert** est entre le rouge et le jaune » ;
- utilisation d'un vocabulaire adéquat permettant de décrire les positions.

2) Au niveau de l'organisation de la tâche :

- Il faut d'abord repérer que les pions qui doivent être placés en premier sont ceux qui sont en bas (et non en haut, comme le pensent beaucoup d'enfants).
- Ensuite il faut choisir le rail par lequel on va commencer afin de placer les pions comme sur le modèle, ce qui implique une suite d'actions amenant à « garer » les pions gênants pour aller chercher ceux qui sont attendus. Les contraintes techniques du jeu des rails ne sont pas très fortes car les pions peuvent être mis en attente dans plusieurs « garages » temporaires :
  - à chaque extrémité du rail horizontal ;
  - entre deux rails verticaux sur le rail horizontal (mais cette position est à la fois instable et gênante pour le déplacement des autres pions) ;
  - en 4e position sur un rail vertical mais alors aucun pion ne peut plus glisser sur le rail horizontal (les enfants ont envie de forcer ce passage et il faut souvent répéter que ce n'est pas possible).
- Le travail fait pour placer les pions au bon endroit sur un rail ne doit pas être défait lorsqu'on intervient sur un autre rail ou, s'il l'est par nécessité, il faut penser à refaire ce que l'on a défait.

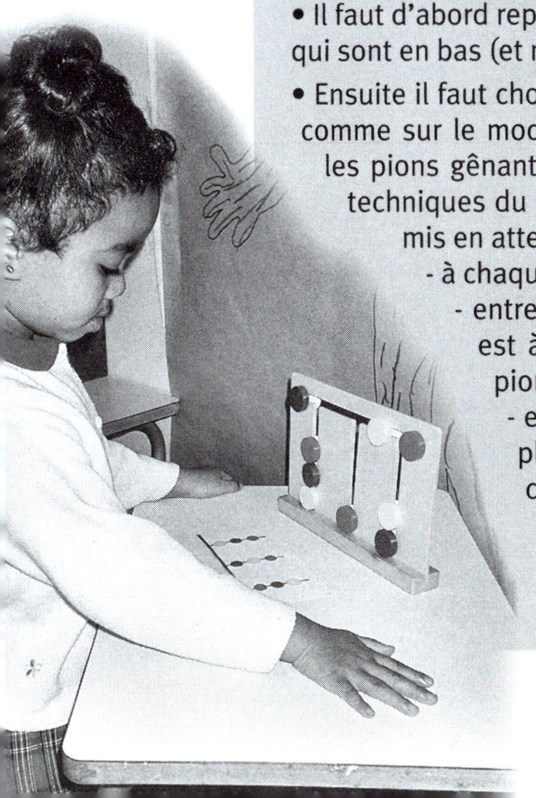

Situation 5

FIN PETITE SECTION

ET

MOYENNE SECTION

Embouteillage

OBJECTIF

- Partir d'un état initial, organiser une suite d'actions pour atteindre un but.

MATÉRIEL

- le jeu « Embouteillage »[4]

Il s'agit d'un jeu initialement prévu pour des joueurs âgés de plus de 8 ans qu'il a fallu adapter à des enfants de 3 ans à 5 ans.

Jeu initial : Sur une grille 6 x 6 qui représente un parking, une voiture rouge (la voiture du joueur) est bloquée par d'autres véhicules (11 voitures et 4 camions sont disponibles). Les voitures occupent deux cases (2 x 1) et les camions trois. La grille définit les mouvements de ces véhicules qui ne peuvent qu'avancer ou reculer sur la ligne sur laquelle ils ont été positionnés. La voiture rouge est **toujours** placée sur la même ligne (la 3e ligne sur le matériel initial) qui débouche sur une sortie à droite.
Le jeu initial propose 40 cartes, chacune définissant un problème à résoudre. Ces cartes pourront être utilisées en GS mais pas avant.

Jeu adapté : Pour diminuer la difficulté du jeu, nous avons réduit la grille en collant un « trottoir » (ici en noir) sur deux bords perpendiculaires, ce qui la ramène à une grille 5 x 5. Les voitures ne peuvent pas monter sur les trottoirs. La voiture rouge (ici en bleu foncé)est alors positionnée sur la 2e ligne (puisque la première est cachée).

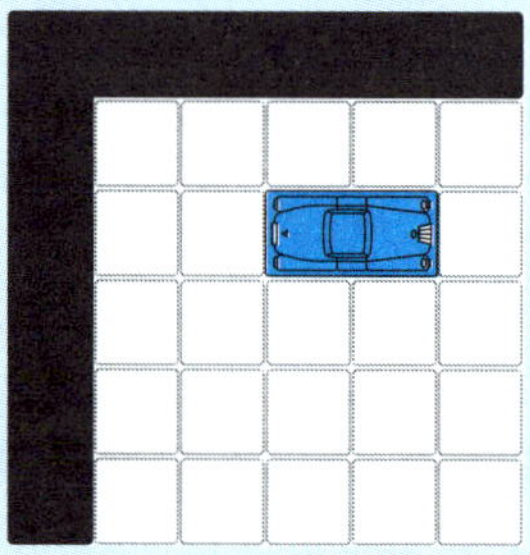

- des cartes-problèmes numérotées de 1 à 24 → *fiches matériel 13 à 16*

MOTS ET EXPRESSIONS UTILISÉS

Voitures, camions, couloirs, trottoirs, sortie, avancer, reculer, direction, changement de direction

4. Ce jeu, conçu par Binary Arts et appelé « Rushhour, a traffic jam puzzle », est distribué en France, en particulier par Eveil et Jeux (mais aussi par la FNAC Junior et probablement quelques autres maisons) sous le nom de « Embouteillage », Didacto.

La tâche est complexe et nécessite une appropriation plus ou moins longue en fonction des enfants. Des activités d'accompagnement (voir plus loin) peuvent être proposées au préalable de manière à faciliter certaines acquisitions : vocabulaire, déplacement, prise en compte de l'encombrement des voitures et des camions. Mais il nous semble que la meilleure façon d'apprendre à jouer est encore de jouer ou de regarder jouer.

Présentation collective en classe entière ou en demi-classe

Activité 1 Présentation du matériel et des règles

But à atteindre : *Faire sortir la voiture rouge du parking en respectant les règles d'action.*

Cette présentation se fait en deux temps :

1. **Présentation du matériel de jeu** qui sera utilisé et explicitation des règles d'action : Les véhicules ne peuvent **pas être retirés** du plateau du parking et ne peuvent qu'avancer ou reculer dans le « couloir » (la ligne ou la colonne du quadrillage) sur lequel ils ont été placés (pas de virage à 90°, **pas de changement de couloir**).

2. **Utilisation d'un matériel plus grand** pour montrer clairement les déplacements :

On peut utiliser un quadrillage 5 x 5 mais avec des cases plus grandes de 4,5 cm de côté. Ces cases correspondent à des petites voitures et camions qui se trouvent parfois disponibles dans les classes : les camions occupent 3 cases et les voitures 2 cases du quadrillage comme dans le jeu initial. Si on ne dispose pas de ces véhicules, on peut coller des cubes de 3 ou 4 cm de côté pour simuler les voitures et les camions, et utiliser un quadrillage dont les mailles carrées ont les dimensions correspondantes. Il faudra prévoir une « voiture » rouge et quelques voitures et camions de différentes couleurs.

Après avoir posé la voiture rouge et quelques autres véhicules sur la grille-parking, on constate que la voiture rouge est bloquée. Il faut cependant la faire sortir du parking. On demande à un enfant de faire rouler la voiture rouge et quelques autres véhicules, mais **pas de la faire sortir**. On ne s'intéresse ici qu'au **respect des règles de déplacement**.

Cette première activité n'est pas toujours utile et il peut être préférable d'engager directement les enfants sur le jeu lui-même, en le présentant à 2 ou 3 enfants seulement, comme dans l'activité 2.

2 enfants, dont l'un joueur et l'autre observateur

Activité 2 Appropriation de la situation en petit groupe

Rappel du but à atteindre : *Faire sortir la voiture rouge du parking.*

L'enseignant place sur le plateau du parking les voitures suivant une première configuration[5] (problème n°3) qui demande 3 déplacements pour pouvoir sortir la voiture rouge. On peut aussi prendre le problème n°2 qui ne demande que deux déplacements si l'on pense que l'appropriation risque d'être difficile pour tel ou tel enfant :

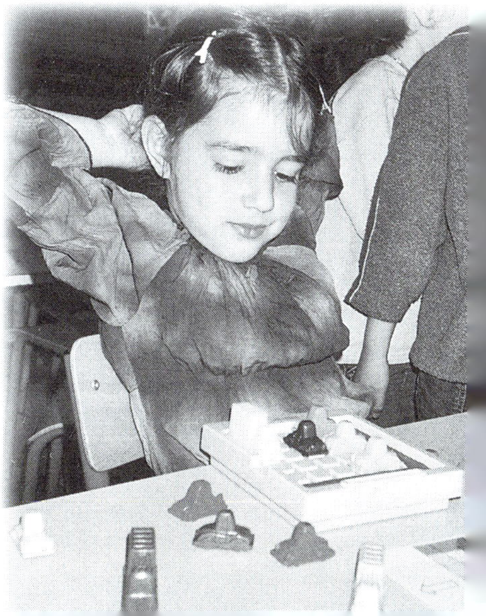

5. Les cartes-problèmes ne sont pas données aux enfants ; c'est l'adulte qui positionne les véhicules dont la couleur n'importe pas, sauf pour la voiture rouge qui est **toujours** celle qui doit sortir de l'embouteillage. En GS (et parfois en fin de MS) par contre, nous avons constaté qu'il est possible de demander aux élèves de placer les véhicules à partir d'une carte-problème.

problème n°2

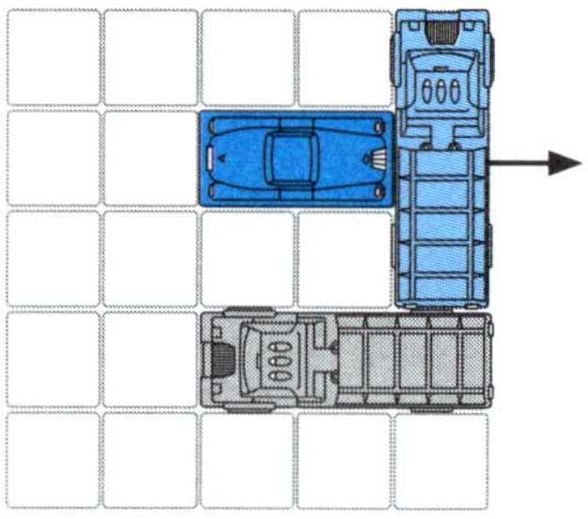

La voiture rouge du jeu est ici donnée en bleu foncé.

L'enseignant rappelle le but du jeu et l'enfant est invité à montrer l'endroit de la sortie (qui n'est pas très visible lorsqu'un véhicule est placé devant).

Puis, l'enseignant demande si la voiture rouge peut sortir. Si l'enfant enlève le camion gris, il lui indique que ce n'est pas une action possible.

Les difficultés rencontrées par certains enfants sont parfois tenaces :
- incompréhension des consignes et non respect des contraintes ;
- mouvement de la voiture rouge pour lui faire passer l'obstacle « en force », comme si en lui faisant cogner le camion qui l'empêche de passer (quand on a compris qu'il n'est pas possible d'enlever le camion), celui-ci allait finir par disparaître !
Pour certains enfants il faut enlever tous les véhicules et ne laisser que la voiture rouge, de manière à bien montrer, sur la grille-parking, les actions permises : avancer, reculer, ne pas monter sur le trottoir, ne pas « faire tourner », ne pas enlever (c'est beaucoup d'interdits !), sans se préoccuper pour l'instant de la question du but à atteindre. Quand les règles semblent comprises, l'enseignant positionne à nouveau les voitures comme sur la carte 3 ou la carte 2, et formule à nouveau le but du jeu.

Ensuite, l'enseignant pose des questions : « Qu'est-ce qu'il faut faire pour que la voiture rouge puisse sortir ? » Si l'enfant ne sait pas répondre et reste inactif, on lui indique : « Il faudrait que le camion gris la laisse passer ».

L'enseignant reprend : « Que peut-on faire pour que le camion gris laisse passer la voiture rouge ? » Et ainsi de suite, de proche en proche.

Lorsque l'enfant finit par faire sortir la voiture rouge avec l'aide de l'adulte, ce dernier replace tous les véhicules sur le parking dans la même position et lui demande de faire lui-même sortir la voiture rouge. S'il réussit, il est prêt pour la phase suivante.

Sinon, il devient observateur. Le jeu lui sera à nouveau proposé un peu plus tard avec la progression suivante dans laquelle il faut un déplacement de plus à chaque problème[6] :

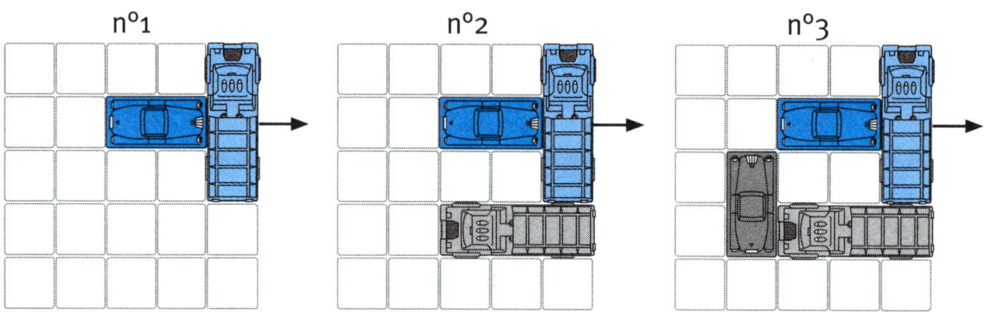

6. C'est cette progression qui a permis à Leïla de réussir le problème n°3 devant lequel elle était restée totalement bloquée la semaine précédente.

Travail individuel et autonome dans la durée

Activité 3 Résolution de problèmes

Cette phase est proposée à tous les enfants qui ont pu s'approprier l'ensemble de la situation (but à atteindre et actions permises) dans l'étape précédente. Elle ne commence donc pas au même moment pour tous les enfants.

L'enseignant a préparé une feuille de route pour chaque enfant, du type suivant (une autre feuille est prévue avec la suite des problèmes) :

n°5	n°6	n°7	n°8	n°9	n°10	n°11	n°12	n°13	n°14	n°15	n°16

Le **contrat** suivant est exposé aux enfants, soit au cours d'un rassemblement, soit successivement à chaque enfant auquel l'enseignant remet sa feuille de route :

- Tu prends une carte-problème numérotée (les enfants peuvent rarement lire les nombres mais peuvent les reconnaître).
- Tu disposes les voitures comme sur la carte-problème (en fin de MS) ou tu me demandes de les poser.
- Tu essaies de faire sortir la voiture rouge.
- Quand tu as réussi à la faire sortir, tu remets (ou tu me demande de remettre) les voitures à la même place qu'au début et tu recommences pour être sûr de ta façon de la faire sortir.
- Si tu y arrives une seconde fois, tu peux mettre une croix (ou toute autre marque) dans la case de ta feuille de route.
- Un peu plus tard, tu me montreras à nouveau comment tu fais.

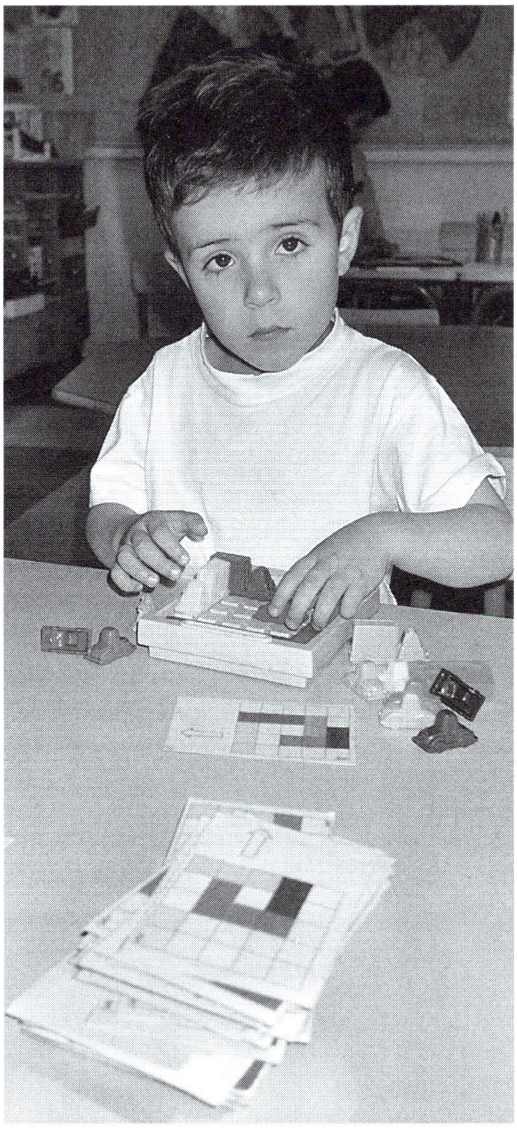

La validation de ce travail en autonomie se fait en 2 temps :
- auto-évaluation à chaud : l'enfant a réussi à faire sortir la voiture au moins deux fois et se sent capable de le refaire un peu plus tard ;
- de manière différée : l'enfant montre à l'enseignant sa stratégie.

Il est important que le contrat soit bien clair : l'enfant est capable de savoir lui-même s'il a pu faire sortir la voiture. Le fait d'avoir à montrer sa stratégie « un peu plus tard » doit l'engager à mémoriser de façon plus ou moins explicite sa stratégie. Ce n'est pas l'enseignant qui dit que c'est bien : c'est l'enfant qui montre ce qu'il a construit et fait constater sa réussite.

En début de Moyenne Section, très peu d'enfants sont capables de positionner seuls les voitures sur le plateau de jeu à partir de la carte-problème. Le maître doit donc le faire, comme en Petite Section, si possible devant les enfants, de manière à ce que ce positionnement puisse un jour être fait par les enfants. Il est également possible de demander à ceux qui en sont capables d'effectuer ce positionnement pour leurs camarades.
Si on dispose de plusieurs plateaux de jeu, on peut laisser deux enfants chercher seuls des problèmes différents et leur demander de se montrer mutuellement leurs stratégies.

Pour aller plus loin

Evaluation et codage des procédures

• Pendant l'étape d'appropriation

Il est clair que seuls les progrès dans la démarche ont de l'intérêt. Mais il n'est pas toujours facile de repérer ces évolutions. Pour conserver la trace de chaque résolution faite en présence de l'enseignant, surtout dans la phase d'appropriation, il est pratique, pour chaque problème résolu (avec ou sans succès) de coder les actions de la manière suivante :

1 : Déplacement permis et efficace

0 : Déplacement permis et inefficace

3 : Avance et recule un même véhicule sur son couloir, de façon mécanique et répétitive[7], sans progression vers la solution

4 : Déplacement interdit : tourne un véhicule

5 : Déplacement interdit : enlève un véhicule

(Les actions 4 et 5 donnent lieu à un refus de l'adulte.)

Une résolution se traduit par une suite de codes telle que : 0110111 ou encore 3041105001111.

La sortie de la voiture rouge lorsque la voie est libre, n'est pas comptabilisée.

Ce codage, bien sûr facultatif, n'est utile que dans la phase d'appropriation : il permet de noter rapidement les progrès.

• Pendant l'étape de recherche autonome

On peut également, durant cette étape, envisager un codage plus global des réussites. Par exemple :

A : Ne rentre pas dans l'activité

B : A réussi les grilles 1, 2 et 3 mais n'a pu aller au-delà

C : Réussite de plusieurs grilles de la série de 4 à 9

D : Réussite de plusieurs grilles de 10 à 16

E : Réussite de plusieurs grilles de 20 à 24

Ceci permet ainsi de conserver une image globale de toute la classe.

7. Ce comportement ressemble à celui des enfants qui veulent faire entrer une pièce dans un encastrement et tapent avec la pièce sur le trou !

Nombres de coups nécessaires avant de pouvoir sortir la voiture rouge, pour chaque grille :

	n°	1	2	3	4	5	6	7	8	9	10	11	12	13	14	15	16	17	18	19	20	21	22	23	24
		1	2	3	3	3	4	4	5	4	4	4	5*	4	4*	4	5	6	9	6	6*	8*	7	7	8*

Le signe «*» signifie qu'il faut faire reculer la voiture rouge en cours de parcours, ce qui constitue une difficulté importante.

Sur le vif

• *Léïla (PS)* est toute contente de passer enfin à l'atelier « Embouteillage » en novembre. Nous constatons que lorsqu'elle est placée devant une difficulté trop grande pour elle, elle cesse de chercher et transgresse les règles :

problème n°4 → 11111 n° 14 → 03454

Même remarque **en MS** où *Christian* obtient :

problème n°6 → 411111 n°8 → 1111111

n°7 → 11111 n°9 → 4440111

Lui aussi transgresse les règles, qui semblaient acquises, peut-être parce qu'il est fatigué.

• Certains enfants, venus déjà plusieurs fois, commencent à prendre le temps d'organiser leur stratégie au lieu de se précipiter sur les petites voitures, objets de tant de convoitise. C'est le cas de *Charlie* **en PS**, qui regarde, ne fait rien pendant un temps qui semble très long aux enfants observateurs, et ce malgré leur pression, puis sourit, regarde l'enseignant et enchaîne très vite les déplacements tous pertinents. Cette **anticipation mentale, sans déplacements des véhicules**, est un élément fort de la progression.

• **En février d'une PS[8], sans phase d'appropriation collective :**

Liliane, qui a d'abord du mal à comprendre les actions permises, enchaîne ensuite tous les problèmes de 4 à 7 sans difficulté mais bloque sur le problème 8.

Rayda en fait autant.

Maëva, qui trépignait pour venir, n'a pas pu réussir un seul problème : elle ne cherche qu'à déplacer les voitures sans aucun respect des règles.

Nathan, Abderaman, Issa et *Laura* n'ont pas dépassé le problème 3.

• **Voici la progression de *Brayan* MS :**

problème n°5 → 4515011 n°8 → 01111111

n°6 → 51540111 n°9 → 111411

n°7 → 411111

Cette progression semble montrer que malgré la difficulté croissante, le respect des règles se stabilise assez rapidement.

8. Ces quelques constats sont donnés pour rassurer les enseignants : la situation est difficile, les enfants ont besoin d'un temps important d'appropriation (par exemple en étant observateur et pas seulement acteurs), mais elle en vaut la peine... si on ne cherche pas la réussite immédiate.

Activités d'accompagnement

Quelques activités annexes peuvent aider à appréhender le contexte de la situation 5.

1. Travail en motricité

- Activités de déplacements sur des droites dans la salle de motricité : avancer, reculer sur une même droite tandis qu'un autre enfant avance ou recule sur une droite parallèle. Les droites sont matérialisées par un papier collant de couleur sur le sol.

- Deux enfants se déplacent chacun sur une droite, les deux droites étant perpendiculaires. L'un des enfants part le premier et s'arrête à l'intersection ; on demande alors à l'autre enfant de parcourir sa propre ligne : Que faire quand on arrive au croisement et que l'on est empêché de passer ? Aide à la prise de conscience que l'un doit reculer ou avancer pour laisser passer l'autre.

2. Travail sur quadrillage

Matériel

- une grille 5 x 5 à mailles carrées de 3 cm de côté environ pour chaque enfant
- des rectangles de couleurs dont les mesures correspondent à 2 ou 3 mailles du quadrillage

Il s'agit de poser le plus possible de rectangles sur le quadrillage.

3. Le coin garage

Le coin garage peut amener les enfants à utiliser le vocabulaire des déplacements : « avancer, reculer, tourner, bloquer », etc. Si on prend le temps de développer ce vocabulaire en jeu libre, il faut veiller à le faire de façon suffisamment décalée dans le temps pour que ces déplacements libres des voitures que l'on peut retirer à la main, tourner... ne constitue pas une gène pour la situation elle-même.

Il est toujours difficile d'évaluer les capacités de transfert d'une situation à l'autre, mais ces activités ne sont pas une perte de temps même si elles ne sont pas une aide directe à la situation.

Annexes

Albums

- *La souris qui cherchait un mari*, Francine Vidal et Martine Bourre, Didier Jeunesse, 2002.
- *Tohu-Bohu,* Alain Crozon, Seuil Jeunesse, 1997.
- *Vois-tu ce que je vois ?,* Walter Wick, Millepages, 2002.
- *Loup y es-tu ?,* Mitsumasa Anno, L'École des Loisirs, 1996.
- *Ce jour-là,* Mitsumasa Anno, L'École des Loisirs, 1978.
- *Aller-Retour,* Ann Jonas.
- *Les imagiers,* Tana Hoban.
- *Pas vu, pas pris,* Julie, Mango, 1992.

Matériels et jeux

- Le Lynx
- Sur la bonne piste, HABA

CHAPITRE 2

Des quantités aux nombres

Un peu, beaucoup, très beaucoup...

Plus on aura mis de temps, plus on aura perdu de temps – j'ose employer cette expression – à préparer le nombre et la mesure par la construction de rapports qualificatifs, mieux l'enfant comprendra ensuite.

Jean Piaget

Les chapitres 2 et 3 sont complémentaires. Le chapitre 2 concerne plus particulièrement les quantités alors que le chapitre 3 est davantage centré sur les nombres et leurs désignations orales. Le planning proposé à la page 12 montre que les situations correspondant à ces deux chapitres sont traitées alternativement et non à la suite l'une de l'autre, tant en PS qu'en MS.

« A l'école maternelle, l'enfant peut être confronté à des problèmes portant sur les quantités. Pour des tâches de comparaison, d'égalisation, de distribution, de partage, il fait appel à une estimation globale (plus, moins, pareil, beaucoup, pas beaucoup), plus tard à la correspondance terme à terme ou à la quantification. **Il faut cependant rester prudent, en particulier avec les plus jeunes, dans la mesure où l'apparence des collections domine encore sur la prise en compte des quantités.** »

Instructions Officielles 2002

Les situations proposées :

*Les situations proposées ont pour objectif d'amener les enfants à prendre en compte des quantités, c'est-à-dire à les évaluer de plus en plus finement, **avec ou sans** les nombres qui les désignent.*

Situation 1

PETITE SECTION

Les boîtes d'œufs

Il s'agit de mettre un objet dans chacune des douze alvéoles d'une boîte d'œufs, la quantité d'objets pris à chaque « tour » du jeu étant laissée à l'initiative de l'enfant. Si trop d'objets ont été pris, la boîte est vidée et il faut recommencer.

OBJECTIF

- Evaluer une quantité dans une tâche de construction progressive d'une collection équipotente[1] à une collection de référence.

MATÉRIEL

- une centaine de châtaignes placées dans une grande corbeille
- une douzaine de boîtes de 12 œufs vides, peintes grossièrement de couleurs différentes ou portant un repère bien visible, pour pouvoir être facilement identifiées et nommées
- un petit plateau par enfant

MOTS ET EXPRESSIONS UTILISÉS

un dans chaque, il en reste, il y en a trop, il en manque, juste ce qu'il faut, pas un de plus, boîte remplie, boîte pleine, boîte complète , trop, assez, juste assez, beaucoup, peu, un peu de châtaignes

Il est possible d'utiliser un autre matériel que les boîtes d'œufs et les châtaignes : par exemple, des carottes en pâte à sel à distribuer à des lapins fixes ou des personnages déplaçables à coucher dans des lits fixes... Ce matériel, peut-être plus motivant, doit être choisi avec vigilance car la taille des objets a une grande influence sur la façon dont les enfants se servent. De plus, un matériel trop « affectif », (bonbons, jouets très convoités) n'est pas toujours le plus approprié, la motivation externe pouvant parasiter les apprentissages visés.

Une grande vigilance doit être par ailleurs accordée au vocabulaire utilisé tant par l'enseignant que par les enfants, tout au long de l'activité. Par exemple, l'expression « il en manque » est difficile à bien utiliser, certains enfants confondant « il y en a trop » et « il en manque ».

La situation n'est **pas destinée à acquérir ce vocabulaire** mais l'élève doit cependant le maîtriser pour que le but à atteindre soit clairement identifié et que les stratégies puissent se dégager. Il faut distinguer les **mots** et les **concepts** : les mots ci-dessus sont des **désignations du concept de quantité,** mais ne sont pas des concepts en tant que tels.

1. Nous dirons que deux collections sont « équipotentes », s'il est possible d'établir une correspondance terme à terme entre les objets de l'une et ceux de l'autre, quelle que soit cette correspondance, si elles contiennent la même quantité d'objets. Les deux collections ont donc le « même nombre » d'éléments.

La situation est organisée en deux activités séparées dans le temps, suivi d'une 3e activité pour la mise en mots (voir activité 3 de la situation 2). Nous avons parfois sauté l'activité 1 pour des enfants qui avaient eu l'occasion d'observer plusieurs parties et semblaient avoir bien compris le but du jeu : l'appropriation s'est faite pour eux par la seule observation.

Une situation avec un autre matériel (situation 2 : le goûter des poupées) vise le même objectif et peut être proposée à la suite de cette activité avec les châtaignes. Le changement de matériel réactive très nettement l'intérêt des élèves qui reconnaissent la similitude (Cédric : « Ah, il faut faire pareil qu'avec les châtaignes ») mais sont attirés par l'apparente nouveauté.

Atelier de 2 joueurs avec 2 observateurs

ACTIVITÉ 1 Appropriation des règles d'action et du but

BUT À ATTEINDRE : *Mettre une châtaigne dans chaque alvéole d'une boîte de 12 œufs.*

Cette phase permet à chaque enfant d'accepter et de comprendre les règles d'action, le rôle du petit plateau, le déroulement d'une partie avec plusieurs coups. De plus, après une ou deux parties, l'enfant doit pouvoir dire, de lui-même, s'il peut ou non fermer sa boîte (parce qu'elle est remplie).

L'enseignant s'adresse au premier joueur : « Anaïs, tu prends des châtaignes et tu les mets sur ton plateau ; maintenant tu en mets une dans **chaque** trou (montrer). Est-ce qu'il y a une châtaigne dans **tous** les trous ? » Si l'enfant ne peut répondre, on ajoute : « Tu vois, il y a encore des trous qui n'ont pas de châtaigne. Au prochain coup, tu pourras encore prendre des châtaignes. Maintenant, c'est Benjamin qui va prendre des châtaignes pour remplir sa boîte ».

Au second coup : « Attention, tu vas encore prendre des châtaignes et les mettre d'abord sur ton plateau, mais essaie de ne pas en prendre trop. Si tu en as mis une dans chaque trou et que tous les trous sont pleins, alors tu peux fermer la boîte et tu as réussi. » C'est l'enfant qui décide de fermer la boîte, ce qui signifie qu'il a atteint le but fixé.

Lorsque l'enfant ferme une boîte, l'enseignant le félicite et verbalise les actions : « Oui, tu as bien mis une châtaigne dans chaque trou » et l'interroge sur ce qui reste dans son plateau : « Est-ce qu'il te reste des châtaignes dans ton plateau ? Est-ce que tu en as pris juste ce qu'il fallait ? »

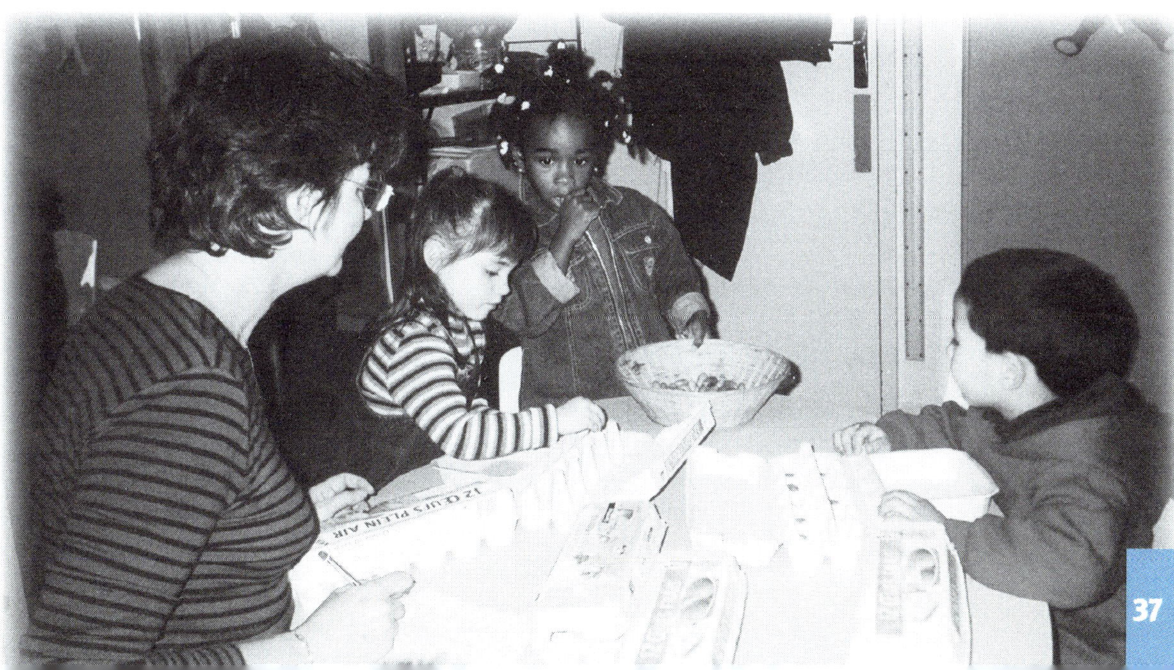

Pendant cette phase d'appropriation, il s'agit de faire prendre conscience de la tâche : mettre une châtaigne dans chaque alvéole de la boîte d'oeufs. Le problème du non-dépassement (ne plus avoir de châtaignes sur son plateau une fois la boîte remplie) qui sera posé à l'activité suivante, n'est pas abordé ici. Le petit plateau individuel permet à l'enfant de bien voir **l'ensemble** des châtaignes qu'il a pris avant que celles-ci soient déposées une à une dans les alvéoles et d'évaluer ainsi grossièrement cette **quantité** : un, deux, beaucoup...
En début de Petite Section, les enfants répondent peu et se contentent souvent de hocher la tête, de regarder, de manipuler les châtaignes. Ils ne verbalisent que très progressivement et les paroles de l'adulte sont alors très importantes pour l'aider à construire ses propres réponses.
Le fait de devoir remplir une boîte de 12 laisse le temps aux enfants de prendre plaisir à la seule action de remplissage avant d'avoir à se poser le problème de savoir si le but (la boîte est pleine) est atteint.

Atelier de 2 joueurs avec 2 observateurs

Activité 2 Construction de stratégies

But à atteindre : *Remplir successivement et exactement trois boîtes de 12 œufs (distinguées par des couleurs, par exemple), **sans prendre plus de châtaignes** qu'il n'en faut pour remplir chaque boîte. On peut prendre les châtaignes en plusieurs fois pour chaque boîte, comme à l'activité précédente.*

L'enseignant précise pour cette 2e activité : « Aujourd'hui, il va falloir faire très attention. Il ne faut pas qu'il reste de châtaignes sur ton plateau quand **la boîte est remplie**. S'il reste des châtaignes, la boîte est vidée et tu n'as pas **réussi**[2] pour cette boîte. Tu peux prendre les châtaignes en plusieurs fois. A chaque coup, tu choisis autant de châtaignes que tu veux et tu les poses sur ton plateau ».

Pour les enfants qui ne comprendraient pas, l'adulte effectue lui-même la tâche et se trompe au dernier coup. Il peut alors faire le constat **pour lui-même** et vider la boîte en montrant à la fois que :
1. Le but n'est pas atteint : « Il reste des châtaignes sur le plateau, j'en ai pris trop ».
2. Ce n'est pas grave : « Cette fois-ci je n'ai pas réussi et je vide la boîte ; je n'ai pas gagné cette boîte, mais la prochaine fois je vais faire plus attention ».
Si l'enseignant ne souhaite pas se montrer en échec fictif, il peut utiliser la simulation d'une marionnette qui se trompe et qu'il s'agit de remettre dans le droit chemin.

Quand une boîte a été vidée, elle reste vide ; elle est « perdue[3] » et on passe à la suivante. Si les boîtes sont de couleurs différentes, chaque enfant peut visualiser où il en est : « Tu as gagné la bleue mais tu as perdu la rouge. Tu peux encore essayer de gagner la verte ». De cette manière, l'activité n'est pas trop longue puisqu'un enfant ne remplit pas plus de trois boîtes.

2. Nous préférons dire à un enfant « tu n'as pas réussi » plutôt que « tu n'as pas gagné » car le terme « gagner » peut être ambigu. En effet, pour beaucoup d'enfants de cet âge, « gagner » c'est avoir pris plaisir à jouer et non avoir atteint un but. Nous préférons donc le terme « réussir », d'abord inconnu des enfants, mais qui prend sens dans la situation.

3. Oui, c'est une dure sanction mais qui fait la différence entre réussir et échouer. Comme l'écrit Joël Briand dans le n°66 de la revue *Grand N* de l'IREM de Grenoble, à propos d'une toute autre situation : « La situation permet à l'enfant de savoir s'il a échoué ou s'il a réussi. A l'ouverture d'une boîte (dans la situation étudiée par J. Briand), quelle attitude l'enseignant doit-il avoir ? Il faut que celui-ci montre que réussir ou échouer ne sont pas deux issues auxquelles il faut attribuer la même valeur. Or les enseignants de maternelle rechignent à tenir ce contrat, pensant décourager l'élève. »

Le fait d'avoir trois boîtes à remplir permet à l'enfant de :
- bien visualiser ce qui est déjà fait et ce qui reste à faire : si sa boîte a été vidée, il n'aura pas rempli trois boîtes au bout des trois remplissages ;
- avoir le temps d'améliorer sa stratégie, de faire plusieurs essais, de matérialiser les progrès réalisés à chaque partie de trois boîtes ;
- prendre plaisir à réussir ce qu'il vient d'apprendre.

Il est important qu'à la fin d'une partie (trois boîtes remplies, puis vidées ou non), l'enseignant effectue **un bilan ou une synthèse des acquis** : « La première fois, nous avons vidé la boîte : tu te souviens pourquoi ? Après tu en prenais toujours un seul parce que tu avais peur d'en prendre trop... »

Bien sûr, si l'enfant peut « raconter » la partie lui-même, l'enseignant l'aide au maximum à verbaliser, mais c'est au dessus des possibilités de la plus grande partie des enfants de PS.

Sur le vif

Petite Section en décembre
Observation de deux enfants qui ont construit chacun une stratégie stable :

Lucia, qui prend trop de châtaignes pour remplir sa 1re boîte, ne prend plus qu'une châtaigne à chaque coup, douze fois. Une semaine plus tard, elle garde cette procédure pour remplir sa 1re boîte. Pour la seconde, elle prend 2 châtaignes à chaque coup. A la 3e boîte, elle prend 2, 5, 3 et 2. Il nous semble qu'elle a bien intégré les consignes et commence à chercher une procédure plus efficace.

Lucas, lui aussi, prend trop de châtaignes pour la 1re boîte. Pour la 2e et la 3e boîte, il prend les châtaignes trois par trois. Il a entièrement automatisé sa procédure qui est efficace et plus rapide que celle de Lucia qui joue en face de lui. Nous sentons qu'il n'en changera pas, au moins dans cette partie. Il réclame une nouvelle boîte et la remplit mécaniquement de 3 en 3, mais se trompe au troisième coup en n'en prenant que 2. Que va-t-il se passer à la fin ? Il continue avec des prises de 3 mais, au dernier coup, réajuste en prenant 1 seule châtaigne !
La possibilité offerte à un enfant de prendre une nouvelle boîte permet de maintenir en activité un enfant qui va plus vite.

Situation 2

Petite Section

Le goûter des poupées

Cette situation est proposée à la suite de la situation 1. Elle vise le même objectif, mais avec un matériel différent.

Objectif

- Evaluer une quantité dans une tâche de construction progressive d'une collection équipotente à une collection de référence en choisissant des quantités préparées.

Matériel par enfant

- 12 bouchons de bouteilles d'eau, tous absolument identiques, collés en 2 rangés de 6 sur un carton de façon à simuler une table mise : les bouchons représentent **des assiettes de poupées**
- 6 petits plateaux tous identiques (par exemple des boîtes de thé en métal) sur le fonds desquels ont été collées 1, 2, 3, 4, 5 et 6 gommettes, toutes de la même couleur, afin de permettre de conserver la trace de la quantité de pions qui doit toujours s'y trouver
- 1, 2, 3, 4, 5 et 6 pions de 2 couleurs différentes, une par joueur (pris dans un jeu de type Coloredo par exemple), disposés sur les petits plateaux de façon à ce que l'on voie bien la quantité
- une réserve de pions de 2 couleurs disposés dans deux corbeilles, une pour chaque joueur : les pions représentent des bonbons

Les pions d'un joueur sont tous de la même couleur et les gommettes sont toutes de la même couleur !
Ce matériel peut bien sûr être adapté en remplaçant les pions par d'autres objets de petite taille ou par des bonbons.
Les 12 bouchons pourraient également être collés différemment, en particulier en début de MS : par exemple, sous forme de 3 rangées de 4 de manière à rendre visible un « paquet de 3 » ou un « paquet de 4 ».

Atelier dirigé de 4 joueurs (2 acteurs et 2 aides)

Activité 1 Choisir des quantités préparées

Comme pour la situation précédente, chaque enfant va essayer de remplir les « assiettes » en plusieurs coups. Ici, un « coup » consiste à prendre **tout le contenu d'un seul plateau.**

Lorsqu'un enfant a pris le contenu d'un plateau, son « aide » remplit à nouveau ce plateau avec la même quantité de pions tous de la couleur du joueur : il s'aide pour cela des gommettes collées sur le plateau.

Lorsque chaque assiette a reçu un pion, l'enfant précise qu'il a terminé. L'enseignant revoit alors avec lui le déroulement de la partie : « Tu te souviens des plateaux que tu as pris ? » ; l'enfant chargé de remplir les plateaux vides peut être invité à dire aussi ce qu'il a remis dans chaque plateau vidé.

La situation n'est reprise qu'avec les enfants qui ont pris trop de pions.

Le **rôle des aides** permet une **approche différenciée.** En effet, tantôt les aides sont de bons joueurs, capables de reconstituer rapidement la quantité de pions de chaque plateau (mais ne sachant pas nécessairement dénombrer jusqu'à 6), tantôt à l'inverse ce rôle est proposé à des enfants qui ne semblent pas prendre en compte les quantités contenues dans les plateaux, lorsqu'ils sont en situation de joueur.

Activité 2 Mise en mots et institutionnalisation

Cette activité peut se faire en deux temps :
- **à chaud, à la fin d'une partie, dans le petit groupe de quatre :** il s'agit alors d'effectuer quelques constats ; par exemple : plus les assiettes se remplissent, plus il faut faire attention et bien regarder ce qui manque.
- **de façon différée, en collectif, avant de ranger le jeu pour quelque temps au moins :** dans ce cas, l'enseignant prend le matériel et indique que le jeu est fini et, qu'avant de tout ranger, « on va se redire ce qu'il faut faire pour bien remplir toutes les assiettes sans qu'il reste de pions dans le petit plateau ».

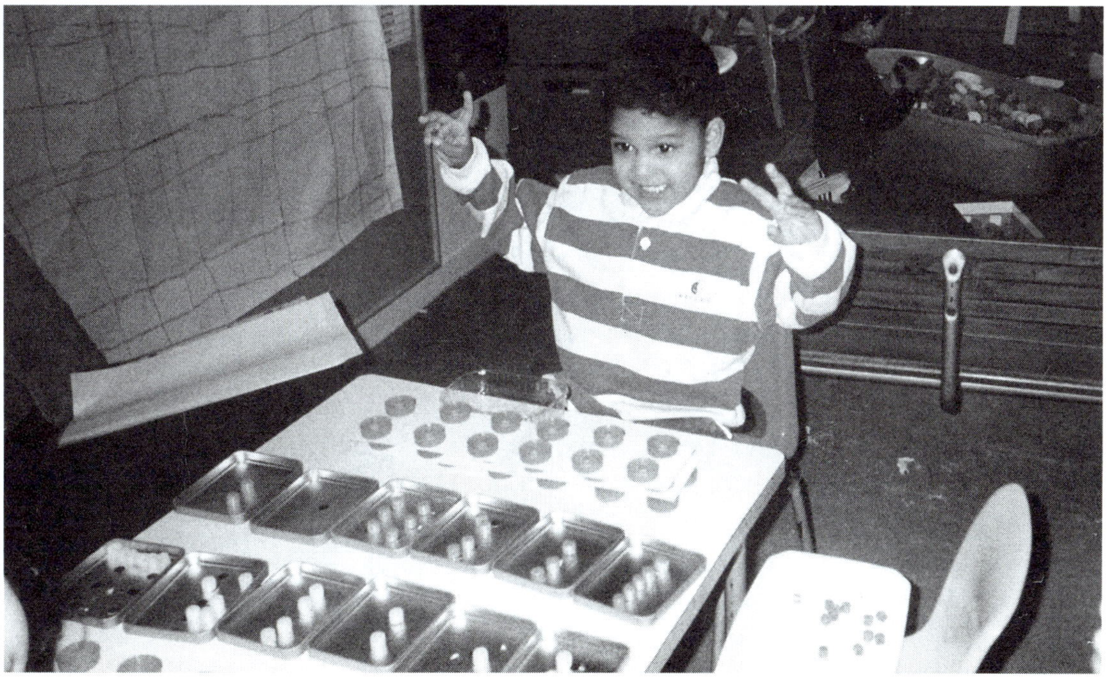

L'enseignant, avec le matériel devant lui, simule alors une fin de partie dans laquelle il ne reste plus que trois assiettes vides. Il reprend, au fur et à mesure, les ébauches de procédures faites par les enfants de manière à ce que tous entendent et comprennent le type d'action évoquée par un de leurs pairs. Si aucun enfant ne peut dire ce qu'il a fait, c'est l'enseignant qui le fait : « Charlie, tu as d'abord pris un plateau dans lequel il y avait beaucoup de pions. C'est bien cela, Charlie ? Puis tu en as pris un qui en contenait un peu moins. Et à la fin, comment as-tu fait pour prendre juste ce qu'il fallait ? Tu ne peux pas le dire ? Je crois que tu as regardé quelles assiettes étaient encore vides. Tu as vu que c'était là et là et là (en montrant les trois assiettes vides.). »

Aucune procédure n'est privilégiée puisque chacune dépend de ce que peut faire chaque enfant. Par exemple, **il ne s'agit pas d'imposer le comptage des assiettes encore vides,** mais celui-ci n'est pas refusé s'il est opératoire et peut même accompagner une tentative de quantification. Si un enfant essaie de dénombrer les dernières alvéoles ou les dernières assiettes vides, l'enseignant facilite ce dénombrement (il peut, par exemple, réciter la suite numérique avec l'enfant), mais il ne l'induit pas. Il peut aussi montrer avec ses doigts combien il reste de cases d'assiettes vides sans désigner nécessairement cette quantité par un mot-nombre.

Pour certains enfants qui ont déjà fait plusieurs fois l'expérience de la boîte vidée, la stratégie consiste à « aller doucement » en ne prenant qu'un ou deux pions à la fois. Cette procédure, certes moins performante, est acceptée comme les autres dans cette situation.

Pour finir, l'enseignant met en évidence les avantages et inconvénients des différentes procédures : « Quand on prend **beaucoup** de pions, ça va vite mais on risque, à la fin, d'en prendre **trop** ; quand on n'en prend qu'**un à la fois**, on n'en prend **pas trop** mais c'est **très long**, les autres ont fini avant ».

Pour aller plus loin

Commentaires sur les situations 1 et 2

• **Dans la situation 1,** il est difficile de faire comprendre à l'enfant qu'il peut prendre la quantité de châtaignes qu'il souhaite. Sa tendance « naturelle » est d'en prendre « beaucoup ». Dans les premières expérimentations, nous parlions de « poignée » et ce terme s'est avéré malheureux. D'une part les enfants remplissaient leur main (voire leurs mains) et d'autre part cela ne les amenait pas à évaluer ce qu'ils avaient pris (car il est quasiment impossible de le faire !). Ce que l'on cherche est que l'enfant prenne « ce qu'il veut », ce qu'il juge nécessaire, à chaque coup, en déposant cette prise dans son plateau de manière à évaluer grossièrement si cette prise permet ou non de remplir la boîte, avant de déposer les objets dans chaque alvéole. De nombreux enfants n'évaluent pas du tout ce qu'il leur faut et cherchent seulement à en prendre « beaucoup », à chaque coup. Ils n'ont pas compris qu'en prendre trop mène à l'échec de la tâche de remplissage. Il est vrai qu'en prendre trop permet de remplir la boîte. Il y a grande difficulté à accepter la contrainte, parfaitement gratuite, de ne pas en avoir « en trop ».

Dans la situation 2, l'action de prendre dans la grande corbeille est remplacée par le fait de **choisir** un petit plateau contenant entre 1 et 6 objets. Dans ce cas l'enfant peut mieux observer ce qu'il prend tout en restant libre de la quantité.

• **Une bonne stratégie :** douze est un « grand » nombre et les enfants ne peuvent l'évaluer même si la collection est organisée en deux rangées de six. Réussir à remplir des boîtes de 12 œufs avec des châtaignes[4] consiste à d'abord prendre de grosses poignées jusqu'à ce que le nombre d'alvéoles vides devienne repérable (deux ou trois pour des enfants de 3 ans) et à adapter son dernier coup. L'enfant peut ainsi passer d'une **évaluation globale,** lorsqu'il se trouve devant des quantités importantes (au-delà de 4 ou 5), à une **« aperception globale[5] »** ou « subitizing » lorsqu'il reste très peu d'alvéoles vides.

- **Pas de gagnant :** dans cette situation, même si les enfants jouent à deux chacun à leur tour (pour observer, verbaliser, commenter...), il n'y a pas de « gagnant ». Chacun a un but à atteindre : remplir ses trois boîtes sans prendre plus de châtaignes qu'il n'en faut. Le fait que l'un finisse avant l'autre peut cependant donner matière à réflexion, mais c'est surtout le fait que les boîtes sont vidées, quand le but n'est pas atteint, qui permet aux enfants d'améliorer leurs stratégies et donc d'évaluer la quantité juste nécessaire pour finir de remplir la boîte.

- **Importance du plateau individuel :** il est là pour amener l'enfant à comparer de façon implicite et personnelle ce qu'il vient de prendre et ce qu'il fallait prendre. Il sert surtout dans les fins de partie mais il est indispensable : sans lui, les enfants posent les châtaignes dans les alvéoles et ne font que constater. En plaçant directement les châtaignes dans les alvéoles ou les pions dans les assiettes, ils seraient dans la recherche d'une solution uniquement « empirique » ou pragmatique alors que l'on veut leur donner la possibilité de construire une solution « mathématique », à leur niveau bien sûr. Lorsque les châtaignes sont sur le plateau, l'enseignant peut amener le joueur à s'interroger sur le bien-fondé de son action : « est-ce que tu crois que ça va aller ?... »

- **Rôle des observateurs :** leur rôle n'est pas toujours facile à déterminer, mais nous avons constaté, comme dans bien d'autres situations, que certains enfants anticipaient mieux dans cette position que lorsqu'ils étaient eux-mêmes joueurs.

Codage des actions

Pendant l'activité, l'enseignant peut noter combien l'enfant prend de châtaignes (ou de pions) à chaque coup, pour chaque boîte à remplir. Il peut, pour cela, utiliser un tableau montrant l'évolution de la tâche :

Léa 7-12-00	1er coup	2e coup	3e coup	4e coup	5e coup	6e coup	7e coup	8e coup	échec/ réussite	niveau de résolution
1ère boîte	7	3	3						0	
2e boîte	7	2	1	1					1	
3e boîte	6	5	1						1	

Cette prise de note est rapide et permet de mieux être à l'écoute de l'enfant. Une fois les trois boîtes remplies, vidées ou non, l'enseignant peut étudier le niveau de résolution (qui concerne la résolution globale pour les trois boîtes).

4. Les châtaignes sont grosses relativement à la taille d'une main d'enfant.

5. Sur les procédures de quantification, voir par exemple, *L'Enfant et le nombre*, Michel Fayol, Ed. Delachaux et Niestlé, 1990.

Niveaux de résolution

L'évaluation du « niveau de résolution » n'est pas facile à faire et ne peut bien souvent avoir qu'un statut d'hypothèse. Malgré tout, l'intérêt d'un codage rigoureux est de mettre en évidence non la **réussite de la tâche** mais **les progrès dans l'apprentissage**, ce que ne permet pas toujours une appréciation trop globale. Pour cela, il est indispensable que l'enfant soit invité à résoudre plusieurs fois la même situation, parfois à des intervalles de temps important.

Pour cette situation, nous avons utilisé le codage suivant :
0 : aucune entrée dans la situation, refus de participer
9 : place des châtaignes dans la boîte mais ne respecte pas le « un dans un »
8 : respecte la consigne de remplissage (une châtaigne dans chaque alvéole) et cherche à remplir la boîte, mais n'anticipe pas la fin (même s'il y a parfois réussite)
7 : prend conscience qu'il faut faire attention « à la fin » (ralentit, par exemple) mais n'anticipe pas vraiment
6 : anticipe en diminuant la quantité prise vers la fin (par exemple n'en prend plus que 4 ou 5 à la fois alors que chaque prise précédente apportait plus de 7 ou 8 châtaignes), mais sans précision
5 : prend une seule châtaigne à chaque fois, du premier au dernier tour[6]
4 : anticipe et prend vers la fin 1, 2 ou 3 (exact), **sans** comptage explicite
3 : anticipe vers la fin et prend 1, 2 ou 3 (exact), **avec** comptage explicite
2 : anticipe à partir d'un nombre plus grand que 3 avec des procédures de type spatial (par exemple dispose les châtaignes dans son plateau comme les alvéoles encore vides)
1 : anticipe à partir d'un nombre plus grand que 3 avec comptage

Ce codage peut sembler bien abstrait, trop rigoureux, voire inutile pour une pratique normale de classe ; il n'est certes pas indispensable et chaque enseignant peut se construire ses propres outils. Nous le proposons ici à titre d'exemple parce qu'il nous a beaucoup aidé à suivre les progrès de chaque enfant.

Variables

Au moment de construire la situation, le repérage des variables permet d'effectuer des choix en fonction des objectifs visés mais aussi d'une éventuelle différenciation qui tient compte des capacités des enfants. Nous avons choisi d'expliciter ici à la fois les variables et les choix que nous avons faits sur leurs valeurs.

- **Pour le travail avec les boîtes d'œufs**

- **Le nombre d'alvéoles des boîtes :** 12, 6, 10, 20 ou 24.
- **La disposition des alvéoles pour une même quantité :** Pour douze par exemple, les boîtes d'œufs ont une disposition en deux fois six alvéoles. Mais il existe aussi des plateaux de boîtes de chocolats qui peuvent être intéressants à étudier. Par exemple 3 x 4 permet à des enfants de MS d'utiliser leurs connaissances de certains petits nombres : c'est 3 et encore 3... jusqu'à finir par « voir » que c'est 4 fois 3 ou 3 fois 4. Cette structure permet donc d'envisager une variante de la situation de base davantage centrée sur le repérage des petites quantités.

6. L'enfant cherche à ne pas prendre trop de risque, comme Maryam qui, après avoir pris trop de châtaignes la première fois, dit qu'elle «veut gagner».

- **Le nombre de boîtes à remplir :** nous avons observé que le fait d'avoir, à chaque partie, trois boîtes à remplir engage les enfants dans un processus d'évolution de leurs procédures important.
- **La taille des objets** (plus petits ou plus grands que les châtaignes) : avec des objets plus petits que les châtaignes (par exemple des noisettes), les enfants ont tendance à prendre beaucoup trop d'éléments sans même pouvoir prendre conscience de la nature de leur erreur.
- **La « mesure » qui sert à prendre :** poignée, contenants divers.

• **Avec les plateaux préparés de la situation 2, on peut jouer sur d'autres variables :**
- **la couleur :** faut-il prendre des pions identiques, tous de la même couleur, ou mettre des pions de couleur différente dans chaque plateau ? Ce dernier choix présente l'avantage de permettre à l'enfant de visualiser, sur son plateau de jeu, ce qu'il a pris à chaque coup. Il peut ainsi « relire » sa partie (si l'enseignant l'aide à retrouver l'ordre des coups sans doute). Mais nous constatons que certains enfants **ne choisissent que la couleur**, ce qui nous amène à nouveau à modifier ce choix : **les pions seront tous de la même couleur pour un même enfant.**
- **la disposition des pions sur chaque plateau :** comment placer les pions sur les plateaux : en vrac, alignés, suivant les configurations du dé ? A partir du moment où un enfant doit remplir les plateaux au fur et à mesure qu'ils sont vidés, nous avons choisi la disposition en vrac moins exigeante (même si cette disposition oblige le remplisseur comme le joueur à une observation plus attentive).
- **le rangement des plateaux :** seront-ils rangés de gauche à droite ? Si oui par ordre croissant ou décroissant ? Ou bien seront-ils placés dans le désordre ? A ces questions, nous avons répondu de différentes façons en fonction des réactions des enfants. Par exemple, certains enfants prennent toujours le plateau placé le plus à droite ! Pour eux, nous avons systématiquement changé l'ordre des plateaux entre chaque partie...
- **le repérage de chaque type de plateau :** l'enfant qui joue le rôle d'« aide » doit remettre rapidement dans le plateau vidé autant de pions qu'il en contenait. Pour l'aider, il a été décidé de coller dans chaque plateau autant de gommettes que le nombre de pions. Mais, si les pions sont de couleurs différentes, il reste encore à décider de la couleur de ces gommettes : toutes blanches ou de la couleur des pions attendus ? Nous avons choisi, après quelques essais, de les mettre blanches car le joueur confondait parfois les gommettes et les pions de la même taille et de la même couleur. Une autre façon de faire consiste à placer sous la rangée ordonnée des six plateaux, une frise de six cases de mêmes tailles que les plateaux et comportant les gommettes permettant de garder la mémoire de la quantité souhaitée, voire de la couleur, sans surcharger la « lecture » des plateaux eux-mêmes.

Situation 3

MOYENNE SECTION

Piste au trésor

OBJECTIF

• Apprendre à choisir une quantité en fonction d'un but à atteindre.

MATÉRIEL

• une piste de jeu du type jeu de l'oie dont les cases sont repérées par 6 couleurs régulièrement alternées ; sur les cases sont représentés de 0 à 4 ou 5 jetons → *fiches matériel 17 et 18*

• 2 dés avec 6 couleurs (mêmes couleurs que celles des cases de la piste), 2 figurines et 2 plateaux

• 2 corbeilles contenant chacune environ 30 jetons d'une couleur différente

• 2 grilles rectangulaires de 10 cases de 5 x 2 (les cases sont un peu plus grandes que les jetons)

• environ 10 tickets

Ce jeu peut être rendu plus motivant en transformant les jetons en pièces d'or ou noisettes... Le matériel sera adapté en conséquence.

La grille rectangulaire peut avoir également un nombre de cases différent : par exemple 15 cases réparties en 5 x 3.

Atelier dirigé de 2 joueurs et 2 observateurs

Activité 1 Appropriation des règles et du but

Matériel : *1 seul dé*

Avec un seul dé, il n'y a aucune stratégie possible et le jeu permet seulement de comprendre les actions permises.

But à atteindre : *Etre le premier à remplir exactement sa grille en plaçant un jeton dans chaque case, sans en avoir pris trop.*

Chaque joueur se voit attribuer une grille, un plateau, une figurine et une corbeille de jetons, tous de la même couleur. Le premier joueur lance le dé et avance sa figurine sur la case la plus proche de la couleur indiquée par le dé. Il prend alors autant de jetons dans sa corbeille qu'il y en a de représentés sur la case où est arrivée sa figurine et les pose sur son plateau. Il doit alors décider s'il reste sur sa grille assez de cases vides pour y poser les jetons qu'il vient de gagner. Si c'est le cas, il les place sur la grille. Dans le cas contraire, s'il est capable de s'apercevoir qu'il aura trop de jetons **avant** de commencer à les poser, il peut les refuser et les remettre dans sa corbeille. Si le joueur a pris trop de jetons et ne s'en est pas aperçu avant de les poser sur sa grille, la grille est vidée et le joueur doit de nouveau recommencer à la remplir, sans revenir au début de la piste pour autant.

Les joueurs jouent alternativement jusqu'à ce que l'un d'eux aie rempli sa grille (et non jusqu'à ce que l'un d'eux soit arrivé au bout de la piste).

Chaque joueur a un observateur associé qui est chargé, au départ, du bon respect des règles (et non du meilleur choix). Cette association permet aux observateurs d'être immédiatement dans le jeu.

Les observations faites montrent que cette activité n'est pas utile pour tous les enfants, en particulier pour les observateurs qui peuvent ainsi passer directement au jeu avec deux dés.
En conséquence, deux propositions peuvent être faites :
- démarrer tout de suite le jeu avec deux dés (activité 2) et ne revenir à l'activité 1 que pour les enfants submergés par toutes les règles ;
- montrer le matériel et énoncer les règles en grand groupe (ou en demi-classe).

Atelier dirigé
de 2 joueurs
et 2 observateurs

ACTIVITÉ 2 Choisir pour gagner

MATÉRIEL : *2 dés*

Chaque joueur lance à son tour **les deux** dés et **choisit** la couleur qui lui permet de ramasser la quantité de jetons **qui lui convient** (qui n'est pas toujours la plus importante) en avançant sur la case de la couleur choisie la plus proche. Comme dans l'activité 1, le joueur prend dans sa corbeille autant de jetons qu'il y en a de représentés sur la case et les pose d'abord sur son petit plateau avant de les placer sur sa grille. Les règles restent les mêmes.

Si les deux dés tombent sur la même couleur, le joueur relance un des deux dés.

En fin de piste, il arrive qu'aucun des deux dés ne convienne car les quantités de jetons qui seraient ramassées seraient alors trop importantes pour le nombre de cases à remplir : le joueur peut alors passer son tour en disant pourquoi. Comme dans l'activité précédente, le joueur qui a pris trop de jetons (et n'a pas choisi de passer son tour) a perdu et sa grille est vidée.

Tout au long de la partie, le joueur ne peut rectifier le nombre de jetons pris une fois qu'il a décidé de commencer à les poser

Lorsqu'un joueur a rempli sa grille, il gagne un « ticket ».

Chaque enfant effectue plusieurs parties de manière à pouvoir construire une stratégie et donc apprendre.... Le nombre de tickets gagnés par chaque joueur est comparé en fin de jeu. Les procédures de comparaison (correspondance terme à terme, paquet à paquet ou dénombrement) sont laissées à l'initiative des élèves, mais sont verbalisées par les enfants avec l'aide de l'enseignant.

Situation 4

Le meilleur choix

MOYENNE SECTION [7]

OBJECTIFS

- Faire le choix le mieux adapté au but du jeu, celui-ci variant à chaque partie.
- Savoir comparer des quantités.

MATÉRIEL

- 2 dés à points
- 2 corbeilles contenant chacune environ 30 jetons d'une couleur différente
- 2 petits plateaux (par exemple des couvercles de boîte à thé)
- une dizaine de cartes à points sur lesquelles figurent les configurations du dé de 1 à 6 → *fiche matériel 4*

MOTS ET EXPRESSIONS UTILISÉS

le moins, le plus

Atelier dirigé de 2 joueurs

A chaque partie, l'enseignant énonce clairement le but à atteindre et le fait redire par un enfant.

BUT À ATTEINDRE : *Ce but varie d'une partie à l'autre. Par exemple, être le premier à :*
- avoir le plus de jetons au bout de trois coups
- avoir le moins de jetons au bout de trois coups
- avoir exactement six jetons au bout de trois coups (et pas avant !)
- avoir entre six et dix jetons au bout de trois coups

Chaque joueur reçoit une corbeille et un plateau. Le premier joueur lance **les deux dés** et en **choisit un** en fonction du but à atteindre. Il prend alors la carte à points correspondant au dé choisi et la conserve (ce sera la mémoire du jeu) et, dans la corbeille qui lui a été attribuée, la même quantité de jetons que de points sur le dé retenu et les place sur son plateau. Quand, après le troisième coup, un joueur estime qu'il a atteint le but fixé, il dit « But ». Si non, il essaie d'estimer ce qui lui manque ou ce qu'il a pris en trop. A la différence de la situation précédente, on ne peut pas refuser de prendre.

A la fin de chaque partie, l'enseignant demande aux enfants de revenir sur la façon dont la partie s'est déroulée pour eux, à partir des cartes à points, et essaie de faire prendre conscience des erreurs de stratégie éventuelles.

7. Cette situation sera reprise en GS : chaque enseignant pourra choisir des buts à atteindre accessibles à ses propres élèves, sans faire de « forcing ».

Sur le vif

Dans une classe, nous avons utilisé les cartes-nombres disponibles comprenant à la fois les configurations du dé (comme sur nos cartes à points), mais aussi l'écriture chiffrée, alors qu'aucun travail n'avait été engagé dans ce domaine au préalable.

Ce **matériel à double symbolisation** s'est avéré très intéressant : les enfants qui prennent bien la bonne carte (surtout jusqu'à 4) se réfèrent le plus souvent à la configuration mais certains mémorisent rapidement l'écriture chiffrée correspondante et y ont recours par la suite.

Lorsque le but à atteindre était d'avoir le moins de jetons possible, seuls quelques enfants ont effectivement choisi la plus petite quantité dès le premier tour et ne s'en sont jamais départis. Quelques enfants prennent « un peu » ou « pas beaucoup » à chaque coup, ce qui signifie en général pour eux « moins de trois » mais pas « le moins ». Plusieurs enfants voulaient à tout prix prendre le plus de jetons possible (ils étaient conditionnés par le but du jeu précédent !).

De nombreux enfants ne disposent pas de procédures de comparaison pour la fin de partie et, d'emblée, disent qu'ils ont tous les deux « gagné ». Cependant il ne faut pas grand chose pour que la question de la comparaison les intéresse en tant que telle (et non pour savoir qui a gagné). Nous avions choisi des jetons en plastique de deux couleurs (une couleur par enfant) qui entraient exactement dans les petites boîtes de pellicule de photo transparentes. Les enfants devaient mettre leur gain dans la boîte au fur et à mesure de manière à ne pas les mélanger. De manière spontanée, certains se sont mis à comparer la hauteur des jetons dans la boîte... Quand les quantités étaient très proches, ne voyant pas très bien quelle était la boîte la moins remplie, ils ont alors versé les jetons sur la table et organisé deux « trains » de jetons en correspondance terme à terme, procédure qui s'est révélée assez convaincante pour être réutilisée à la fois par les « découvreurs » et les observateurs.

Situation 5

MOYENNE SECTION

La tournée du Père Noël

Après le Noël des enfants, le Père Noël prépare sa « tournée des animaux[8] ». Il a prévu de donner un cadeau à chaque habitant de chaque maison du village des animaux. Comme il est très organisé, il met tous les cadeaux destinés aux animaux d'une maison dans un sac et il prépare un sac pour chaque maison.

OBJECTIF

- Prendre conscience que des collections équipotentes à une collection de référence sont équipotentes entre elles.

MATÉRIEL

- le dessin très schématique d'un village avec une grande rue et 8 maisons (boîtes à base rectangulaire avec couvercles) réparties des deux côtés de la rue (ou d'un seul côté)
- sur chaque maison sont collées des gommettes ou des dessins représentant des animaux : 3 chats noirs, 2 lapins bleus, 5 cochons roses... (de 2 à 7 animaux avec plusieurs maisons de 3, 4 et 5 animaux) ; les animaux sont tous identiques dans une même maison de manière à permettre la désignation de chaque maison (la maison des chats noirs, celle des lapins bleus...)
- des « cadeaux » tous identiques placés dans une grande corbeille : petits cubes de pâte à sel peints (2 cm de côté au maximum) ou autres petits objets comme des billes chinoises par exemple (l'idéal est de disposer d'objets tous identiques pour une même équipe mais différents d'une équipe à l'autre)
- une cinquantaine de petits sacs en plastique transparent dans lesquels les cadeaux seront répartis et resteront bien visibles une fois le sac fermé
- le « chariot du Père Noël » symbolisé par le couvercle d'une boîte en carton

8. Si la période ne s'y prête pas ou si ce contexte est mal adapté, il est préférable de trouver un autre habillage à cette situation. Cependant, il est important de conserver du sens au fait que « chaque A (ici un animal) recevra un B (ici un cadeau) ».

L'enseignant peut préparer un nombre supérieur de maisons et les utiliser de façon différenciée d'une équipe à l'autre, en fonction des capacités de dénombrement des enfants concernés.

Plusieurs ateliers dirigés de 4 enfants dont un est le Père Noël

Activité 1 Répartition des cadeaux par maison

L'enseignant explique l'activité à trois enfants : « Vous êtes des lutins et vous allez aider le Père Noël (le 4e enfant) à préparer ses sacs pour sa tournée de Noël. Il a prévu un sac par maison et vous devez mettre dans chaque sac juste ce qu'il faut de cadeaux pour les habitants d'**une** maison. Avant de partir, le Père Noël devra vérifier que tous les cadeaux ont bien été préparés. »

Dans cette activité, l'enseignant n'attire pas l'attention des enfants sur les quantités. Les enfants doivent s'organiser pour la préparation des sacs, sans l'aide de l'enseignant. Celui-ci observe l'organisation et les procédures de quantification : par exemple, répartition des maisons entre les quatre enfants, prise en compte ou non du nombre d'habitants des maisons ou bien constitution des sacs sans prise en compte des quantités, mise à l'écart des cadeaux en trop ou ajouts intempestifs dans les sacs déjà prêts à la dernière minute...

L'enseignant **ne corrige pas** ! C'est la vérification faite à l'activité suivante qui montrera si tout est bien préparé.

Plusieurs ateliers dirigés de 4 enfants dont un est le Père Noël

Activité 2 Le Père Noël vérifie la préparation de sa tournée et distribue les cadeaux

Les sacs de cadeaux sont déposés tous ensemble dans la boîte qui symbolise le traîneau du Père Noël. L'enseignant demande alors au « Père Noël » de vérifier si les « lutins » ont bien travaillé, mais **sans déposer** encore les cadeaux dans les maisons. Il s'agit donc de mettre en correspondance les sacs et les maisons.

Puis, la distribution commence, maison par maison, sous l'œil vigilant des enfants : chaque habitant de chaque maison recevra-t-il bien un cadeau ?

Les sacs distribués ne sont jamais ouverts mais sont cachés dans chaque maison au fur et à mesure (on ferme pour cela le couvercle de chaque boîte représentant une maison).

L'activité est reprise plusieurs fois, par les différentes équipes d'enfants, avec si possible des objets différents. Les sacs de cadeaux s'accumulent ainsi dans chaque maison.

Toute la classe est devant le village des animaux

Activité 3 Que contient chaque maison ?

Quand tous les enfants ont été lutins ou Père Noël, l'enseignant regroupe la classe devant le village et pose quelques questions du style : Que va-t-on trouver si on ouvre la maison des chats noirs ? La réponse attendue est que tous les sacs contiennent trois objets puisqu'il y a trois chats noirs dans cette maison, etc. Il invite ensuite un enfant à sortir tous les sacs de la maison des chats noirs. Les autres maisons sont ainsi successivement ouvertes.

La séance se termine sur le constat que « **tous les sacs déposés dans une maison contiennent** autant d'éléments », **« le même nombre de cadeaux que d'habitants »**.

On peut également imaginer une phase dans laquelle une marionnette est venue tout mélanger : il s'agit alors de remettre dans chaque maison ce qui convient, par exemple.

Situation 6

Moyenne Section

Les compléments

Objectif

Prendre conscience qu'il est possible de réaliser une quantité donnée en réunissant deux collections.

Matériel

- un dé normal (avec des points)
- 6 cartes-nombres de 1 à 6 (assez grandes pour que les objets choisis puissent être posés sur les points des configurations)
→ *fiche matériel 5*

Exemple de carte-nombre :

- environ 50 petits objets absolument identiques (par exemple des perles chinoises, des pions de la même couleur...)
- une dizaine de petits plateaux bien plats pouvant contenir jusqu'à 8 de ces objets mis à plat
- une boîte pour servir de « pioche » pour les objets qui n'ont pas été placés sur les plateaux
- une corbeille par enfant
- 20 tickets pour marquer les réussites de chaque coup

Les différentes activités ne sont proposées, de façon différenciée, qu'à certains élèves et jamais à la suite.

Atelier dirigé de 4 enfants

Activité 1 Appropriation du matériel

But du jeu : *« Faire » un nombre défini à chaque coup.*

Les petits plateaux sont préparés avec des quantités de 1 à 6 petits objets identiques. Cette activité doit permettre aux enfants de comprendre qu'un « coup » consiste à lancer le dé et à prendre un plateau qui contient autant d'objets que ce qui est indiqué sur le dé.

Atelier dirigé de 4 enfants

ACTIVITÉ 2 Composition d'une quantité

Attention, pour cette activité, les quantités placées dans les plateaux ont une grande importance puisque c'est la pénurie qui amène à construire une quantité à partir de deux autres.

Exemple de composition des plateaux : 6, 5, 4, 4, 3, 3, 3, 2, 2, 2, 2, 2, 1, 1, 1, 1, 1, 1

Chaque enfant lance le dé à son tour et prend la carte-nombre correspondante qu'il conserve jusqu'à la fin du coup. Il prend alors un plateau contenant autant d'objets que l'indique le dé **ou un plateau incomplet** (c'est-à-dire qui contient moins d'objets que ce qu'indique le dé) et **annonce** ce qu'il va devoir **ajouter** pour avoir, finalement, autant d'objets qu'indiqué par le dé. Il prend alors **dans la pioche** la **quantité annoncée**. Si la prise correspond au bon complément, l'enfant gagne un ticket. Si l'enfant n'a pas eu besoin de piocher, il garde la carte et les objets, mais ne gagne pas de ticket.

La carte-nombre sert à valider en plaçant les objets sur les points de la configuration.

Par exemple si le dé tombe sur la configuration 1, l'enfant ne peut prendre qu'un plateau contenant un objet. S'il tombe sur 3, il peut prendre soit un plateau qui contient trois objets (s'il y en a encore), soit un plateau avec deux objets et piocher un **après l'avoir demandé,** soit encore prendre un plateau avec un objet et en piocher deux. Mais on ne peut **rien enlever** des plateaux.

Le gagnant est celui qui a obtenu le plus de tickets, ce qui pousse les enfants à **composer** les quantités plutôt qu'à prendre directement un plateau complet.

En fin de partie, l'enseignant fait énoncer les différentes façons de prendre un nombre : « pour 4, on peut prendre 2 et 2 ou... ». Un début de répertoire additif se mémorise **individuellement,** mais n'est pas systématisé pour tous les élèves.

Situation 7

MOYENNE SECTION

Gâteaux d'anniversaire

OBJECTIF

• Rechercher la collection complémentaire d'une collection donnée par rapport à une autre dans un domaine numérique hors subitizing, c'est-à-dire rendant impossible une reconnaissance globale des quantités (nombres supérieurs à cinq)

MATÉRIEL

• 2 sacs en tissu opaque destinés à contenir une des 2 séries d'objets

• 2 séries d'une quinzaine de petits objets pouvant avoir un lien fonctionnel entre eux : par exemple, des petites bougies d'anniversaire et les « piques » qui permettent de les placer sur un gâteau.
Les objets doivent être assez petits pour qu'un enfant puisse en prendre jusqu'à 7 ou 8 dans une seule main

Atelier dirigé de 4 enfants : 2 acteurs et 2 observateurs

ACTIVITÉ 1 Comparaison et validation concrète

L'enseignant a préparé à l'insu des enfants deux sacs : il a mis dans l'un 15 bougies et dans l'autre exactement le même nombre de piques. Il fait ensuite constater qu'une bougie peut s'adapter à une « pique », puis invite un des deux joueurs à prendre des bougies en mettant sa main dans le sac opaque qui les contient (ce dernier prend la quantité de bougies qu'il veut ou qu'il peut). De la même manière, l'autre joueur prend des piques dans l'autre sac, sans s'occuper de ce qu'a pris le premier enfant.

L'enseignant demande alors : « Est-il possible de placer une bougie sur une pique sans qu'il reste de bougies et sans qu'il reste de piques ? La question est posée sans que les enfants puissent immédiatement et concrètement placer les bougies sur les piques. On enregistre la réponse faite sans utiliser une procédure de comparaison concrète et sûre. Mais comment savoir de manière tout à fait sûre? Les enfants proposent des procédures.

Les enfants sont alors invités à placer les bougies sur les piques et à revenir sur les constats précédents : « Oui, il manque des bougies comme prévu » ou « Non, on s'est trompé ».

La correspondance visuelle est alors défaite et chaque enfant replace devant lui les objets qu'il avait tirés de son sac.

Atelier dirigé de 4 enfants : 2 acteurs et 2 observateurs

ACTIVITÉ 2 Recherche du complément

S'il n'y a pas équipotence, l'enseignant demande : « Qu'est-ce qui manque, des bougies ou des piques ? Combien en voulez-vous ? ».

La commande doit se faire hors de la correspondance visible des objets. Si les enfants ne parviennent pas à effectuer cette commande, l'enseignant leur propose de refaire la correspondance concrète et la même question leur est à nouveau posée. La réussite est en générale immédiate. Les enfants qui ont eu besoin de revenir à cette mise en correspondance seront invités, le lendemain ou quelques jours plus tard, à recommencer.

La comparaison est en générale facile : les enfants savent s'il faut commander des bougies ou des piques. Par contre la quantité est difficile à déterminer hors de la correspondance concrète.
A la première partie, la plupart des enfants commande **sans tenir compte de ce qui est déjà là.** Par exemple, si l'un des enfants a pris 3 bougies et l'autre 5 piques, au lieu de commander les **2** bougies complémentaires, ils commandent **5** bougies. C'est la validation concrète qui leur permet de **constater** leur erreur mais pas toujours de **la comprendre. L'enseignant n'explique pas** mais se contente de questionner : « Est-ce que c'était bien 5 bougies qu'il fallait ? Pourquoi ça ne va pas ?... » C'est la confrontation successive à plusieurs problèmes qui permet aux enfants de prendre conscience progressivement du complément nécessaire, même s'ils ne sont pas encore capable de le déterminer. En GS, ils auront à nouveau l'occasion de construire des compléments et il ne nous semble pas utile de faire du « forcing », pas plus ici qu'ailleurs.

Situation 8

Moyenne Section

Les paires de boîtes

Objectif

- Prendre conscience que le nombre d'éléments d'une collection ne dépend pas de l'espace qu'elle occupe.

Matériel

- 12 boîtes gigognes Ikéa de 6 couleurs[9] avec leurs couvercles
- une réserve d'environ 50 billes chinoises ou pions tous identiques

Atelier dirigé de 3 équipes de 2 enfants

Activité 1 Remplir des paires de boîtes

But à atteindre : *Mettre la même quantité de perles dans les deux boîtes de la même couleur.*

Les boîtes sont présentées **fermées**, en vrac sur la table. Un temps est laissé aux enfants pour les regarder, les ouvrir, éventuellement les classer par couleurs ou les ranger en fonction de leurs tailles, s'ils le font d'eux-mêmes. Lorsque les enfants ont eu le temps de bien s'approprier les spécificités de ces boîtes (surtout s'ils ont déjà travaillé sur les boîtes gigognes unicolores, cf. chapitre 4 situations 4 à 7), l'enseignant propose l'activité.

Chaque équipe prend **une paire de boîtes de la même couleur** (elles sont donc de tailles différentes). L'un des joueurs prend alors une des deux boîtes et y place la **quantité de billes qu'il veut.** Son compère doit alors mettre **la même quantité** de billes dans l'autre boîte. Il est autorisé à sortir et à manipuler les billes de la première boîte s'il le souhaite.

Comment être sûrs qu'il y a autant de billes dans chacune des boîtes ? Les enfants sont engagés alors dans un problème de comparaison. Lorsqu'ils sont sûrs de l'équipotence, les boîtes sont fermées et une nouvelle paire de boîtes leur est confiée, en changeant le rôle des enfants.

Chaque équipe est ainsi amenée à remplir simultanément (sans pouvoir observer ce que font les autres) **deux paires de boîtes** avec **la contrainte supplémentaire** que des boîtes de couleurs différentes remplies par la même équipe **ne doivent pas contenir la même quantité de billes**.

Dans cette première activité, les enfants ont l'occasion de « choisir » des quantités sans but particulier, ce qui n'est pas habituel et pose d'ailleurs problème à certains. Mélinda regarde l'enseignant sans comprendre et finit par dire : « Alors je mets quoi ? » D'autre part, ils se cantonnent parfois à des petites quantités. Si tel est le cas, la situation perd tout son intérêt. Plusieurs stratégies sont alors possibles :

9. Ces boîtes sont de six couleurs alternées, c'est à dire qu'il y a deux boîtes de la même couleur, une « petite » et une « grande ». Les couleurs ont varié suivant les années. Cela peut être de la plus petite à la plus grand boîte, par exemple : rose, vert, jaune, bleu, violet, fuchsia, rose, vert, jaune, bleu, violet, fuchsia.

- Soit l'enseignant donne d'abord à remplir la grande boîte car les enfants auront tendance à en mettre davantage qu'en commençant par la plus petite (à l'inverse, quand les enfants ont tendance à mettre trop de billes pour pouvoir bien observer, l'enseignant a intérêt à les faire commencer par la petite boîte) ;

- Soit l'enseignant devient joueur et remplit alors les boîtes avec de « grandes » quantités (entre 7 et 10 billes par exemple).

La taille des objets est une variable importante : plus les objets utilisés pour le remplissage sont petits, plus l'illusion d'optique est grande et plus les enfants construisent de « grandes » quantités.

Sur le vif

Dès cette première activité, la question des procédures permettant la construction d'une collection équipotente à une autre se pose.

Par exemple, *Céline* commence à remplir la « grande » boîte de la paire dont elle et Raphaël sont chargés. Elle en met « beaucoup » (onze billes chinoises), selon ses dires. Son compère, *Raphaël* est perplexe devant cette grande quantité et dit : « Je peux pas les compter, y en a trop. » Il sort alors les billes de la boîte de Céline et les aligne deux par deux ; il en reste une isolée :

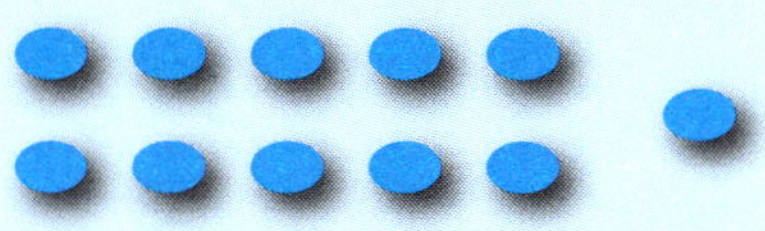

Que va-t-il faire alors ? Sans se troubler, il sort les billes de la réserve et les dispose de la même manière. Raphaël est sûr qu'il y a en a autant, mais les autres enfants qui regardent cette procédure inconnue semblent dubitatifs. *Erwan* dit : « On aurait pu compter, on serait sûr », mais Raphaël répond : « Je pouvais pas compter parce qu'il y en avait trop ». Après ce premier remplissage, Léa met quatre billes dans la petite boîte de la paire et Erwan, son compère, dénombre ces quatre billes pour en mettre autant dans la boîte dont il a la charge.

Un peu plus loin dans la partie, *Léa* prend la plus grande boîte de la paire et essaie de remplir le fond. Elle place ainsi 18 billes. Erwan se trouve bien embarrassé par cette grande quantité. Raphaël lui dit : « T'as qu'à faire un train ». Erwan commence alors à aligner les 18 billes de Léa et place les billes qu'il doit mettre dans la petite boîte en regard, avec une correspondance terme à terme approximative. C'est l'enseignant qui doit l'aider à améliorer la procédure pour la rendre efficace.

Atelier dirigé
de 3 équipes
de 2 enfants

Activité 2 Vérifier le bon remplissage

L'enseignant échange les paires de boîtes entre les trois équipes de manière à ce qu'aucune équipe ne vérifie son propre remplissage. Les enfants, qui étaient observateurs dans l'activité précédente, sont invités, à tour de rôle, à ouvrir les deux boîtes de même couleur et à décider s'il y a autant de billes dans ces deux boîtes.

Cette validation se fait en deux temps :

- dans un premier temps, l'enfant réagit de façon intuitive à ce qu'il « voit » ; si la quantité est supérieure à 3 ou 4, il aura tendance à réagir principalement en fonction de **l'espace occupé** au fond de chaque boîte et donc de conclure : « C'est pas pareil » ;
- dans un second temps, et sur invitation de l'adulte ou des joueurs, il faut construire une procédure de comparaison des quantités en sortant les billes des boîtes.

C'est durant cette phase de vérification qu'apparaît la prise de conscience que la petite et la grande boîte de même couleur, censées contenir la **même quantité** de billes, **ne semblent pas remplies de la même façon :** la petite parait « pleine » tandis que la grande semble « vide » ! Les enfants ne rencontrent pas ce « leurre » au moment du remplissage car ils constituent la quantité **hors** des boîtes, alors qu'ils sont surpris quand ils ouvrent les deux boîtes en même temps. Par exemple, Jérémie essaie d'expliquer à ses camarades que « c'est quand même pareil ; c'est parce qu'y a pas beaucoup de place dans la petite, mais je suis sûr que j'ai mis pareil ». Pour prouver ses dires, il sort successivement des deux boîtes les billes une à une en les dénombrant.

Les procédures de comparaison ne sont pas encore bien disponibles en moyenne section comme nous l'avons vu dans plusieurs situations. Les enfants cherchent à dénombrer mais n'en sont pas toujours capables. Nous devons parfois leur montrer l'intérêt d'effectuer une correspondance terme à terme et les aider à la rendre efficace. Certes, ils ne la construisent pas seuls, mais certains la réinvestissent immédiatement alors que d'autres ne semblent pas en comprendre le sens. Maxime dit en regardant Raphaël : « Je fais les petits trains pour savoir ». Il pose les billes chinoises l'une à côté de l'autre de manière à former deux rangées. Premier contact, efficace pour les uns, très insuffisant pour les autres, mais il est clair que la correspondance terme à terme n'est pas « naturelle » et peut être difficile à mener à bien si les collections à comparer sont formées d'objets identiques, car leurs éléments peuvent se mélanger...

CHAPITRE 3

La désignation des nombres

Savez-vous compter les choux ?

« Je me demande ce que fait deux et deux, murmurait, songeur, le plus jeune. Je ne sais pas déjà très bien si deux égal deux… Parce qu'un « deux » n'est jamais pareil qu'un autre « deux », à mon avis… Il faudrait que tu m'expliques d'abord duquel « deux » la maîtresse veut parler : la sorte de « deux » qui nous sert à payer le pain ? ou celui que tu prends pour compter les enfants ? et il m'expliquait, docte et câlin, qu'il y avait un tas de choses cachées derrière les « deux », plein de choses cachées partout, qu'on ne voyait jamais, mais qui pouvaient changer le résultat… »

Françoise Chandernagore

Les chapitres 2 et 3 sont complémentaires. Le chapitre 2 concerne plus particulièrement les quantités alors que le chapitre 3 est davantage centré sur les nombres et leurs désignations orales. Le planning proposé à la page 12 montre que les situations correspondant à ces deux chapitres sont traitées alternativement et non à la suite l'une de l'autre, tant en PS qu'en MS.

« Progressivement, dans diverses occasions offertes par la vie de la classe, dans les jeux ou pour résoudre les problèmes posés par l'enseignant, l'enfant élargit l'éventail des procédures de résolution en même temps qu'il s'approprie de nouveaux outils pour dénombrer des collections d'objets :
- Reconnaissance du nombre d'objets dans de petites collections, par une perception instantanée (reconnaissance directe de « trois », sans nécessairement compter « un, deux, trois »),
- Comparaison de collections à des collections naturelles (par exemple, reconnaissance de « cinq » comme quantité qui correspond à celle des doigts de la main) ou à des collections repères (nombre de places autour de la table, constellations du dé…),
- Dénombrement en utilisant la comptine parlée qui est progressivement fixée et complétée.

A l'école maternelle, il s'agit de donner du sens aux nombres par leur utilisation dans la résolution de problèmes articulés avec des jeux, des situations vécues, mimées ou racontées oralement. Ces problèmes sont choisis pour que les nombres y apparaissent comme des outils efficaces pour :
- Comparer des quantités, les mémoriser,
- Mémoriser et communiquer des informations sur les quantités, sous forme orale ou écrite, les écrits étant d'abord ceux produits par les élèves, puis les écritures chiffrées habituelles,
- Réaliser une collection ayant autant, plus ou moins d'objets qu'une collection intermédiaire,
- Repérer des positions dans une liste ordonnée d'objets,
- Hiérarchiser des séries en utilisant la comptine numérique.

[…] Le plus souvent, à l'école maternelle, les nombres sont « dits »… […] Il faut garder à l'esprit qu'apprendre la suite orale des nombres n'est pas « apprendre à compter » et ne suffit pas à dénombrer une quantité qui dépasse les possibilités de reconnaissance globale… ».

Instructions Officielles 2002

Les situations proposées :
Avant d'engager la situation 1, il est important de faire une évaluation des compétences des enfants dans le domaine de la désignation des nombres. L'apprentissage devra ***impérativement être différencié.***

Nous distinguerons dans ce chapitre deux objectifs différents :
- apprendre à désigner des quantités à l'aide des mots-nombres, quelle que soit la procédure ;
- apprendre à dénombrer, réservant cette expression au fait d'utiliser la suite numérique conventionnelle pour déterminer le nombre d'éléments d'une collection.

Nous avons choisi de ne pas développer ici toutes les activités rituelles utilisées largement par les enseignants de l'école maternelle pour entraîner le dénombrement et la reconnaissance des écritures chiffrées : recherche du nombre de présents et d'absents, du nombre d'enfants qui déjeunent à l'école, de la date, etc. Il ne s'agit pas de dévaloriser ces pratiques mais plutôt de proposer des situations d'apprentissages moins présentes actuellement dans les classes.

Evaluation préalable

Avant d'engager la situation 1, il est important de faire une évaluation des compétences des enfants dans le domaine concerné. L'apprentissage devra **impérativement être différencié.**

1 Etre capable d'utiliser certains mots-nombres à bon escient

a) Avec des jetons : « Donne-moi 4 jetons ? » *Noter le nombre de jetons obtenus.*

b) L'adulte prépare 3 jetons (6 en MS) dans un couvercle : « Peux-tu me dire combien il y a de jetons dans ce plateau ? » *Noter le nombre indiqué ou la réponse, même si elle n'est pas numérique.*

2 Comptage

« Est-ce que tu sais compter ? » *Noter la réponse.*

Si oui : « Vas-y, compte. » *Noter les nombres dans l'ordre d'énonciation.*

Si non, on commence : « Un, deux... » *Noter si l'enfant continue.*

Cette évaluation permet de répartir les enfants en quatre groupes qui doivent rester très mobiles et qu'il ne faut surtout pas fixer :

Groupe 1 : les enfants qui réussissent les deux parties de l'item 1 et dénombrent jusqu'à 8 ou 10.

Groupe 2 : les enfants qui peuvent **dénombrer** 3 jetons mais ne peuvent en **donner** 4.

Groupe 3 : échec aux deux parties de l'item 1 mais comptage jusqu'à 4 au moins.

Groupe 4 : les enfants qui ne comptent pas, ne dénombrent pas, ne numérisent pas.

S'il n'est pas question de faire des groupes de niveaux de manière régulière, cette partition permet de construire des activités différenciées.

Résultats dans une classe

Exemples de résultats dans une Petite Section, en mars

(On trouve entre parenthèses la limite du comptage de chaque enfant.)

Les enfants se répartissent en quatre groupes de niveaux :

Groupe 1 : Réussite totale

Alexandre (10), Anaïs (10), Barbara (12), Ducan (12), Stella (16).

Ces cinq enfants ont pu prendre 4 bouchons dans la corbeille, dénombrer 3 bouchons sur un plateau et savent réciter la comptine numérique au-delà de 10 ; on peut donc considérer que les acquisitions sont suffisantes pour la petite section. Il faudra leur proposer des activités d'utilisation de ces connaissances, dans des jeux de société, avec usage de dés ou de cartes par exemple.

Groupe 2 : Dénombrent 3 bouchons mais ne peuvent en prendre 4

Alain (5), Eléonore (4), Laura (5), Léa (6), Léonie (3), Mélissa (14)

Pour ces enfants-là, il faudra également proposer des jeux de cartes dans lesquels la carte fait « prendre » une quantité. Vérifier que Léonie ne compte vraiment pas plus loin. Mélissa est peu sûre de ses acquisitions.

Groupe 3 : Savent compter jusqu'à 4 au moins mais ne peuvent dénombrer

Cédric (4), Rachel (4), Maëva (4), Raïda (4), Liliane (7)

Pour ce groupe, c'est tout le problème de la quantification qui se pose.

Activité initiale : les bonnets des doigts ou autres du même genre.

Groupe 4 : Ne comptent pas et ne dénombrent pas du tout

Allane (2), Aurélie, Arvin, Charly, Rayan

Charly sait probablement compter à la maison, mais ne l'a pas montré puisqu'il ne réussit aucune des trois épreuves. Il faudra chercher à le vérifier dans des situations rituelles par exemple.

Les quatre autres enfants pourront apprendre la suite des nombres à l'aide de comptines ou en étant observateurs des activités des autres enfants.

La mémorisation demande un travail spécifique. Mais il faudra également assurer une bonne « adéquation unique », c'est-à-dire les mises en correspondance successives : un mot / un objet.

Situation 1

Petite Section

Les bonnets de doigts

« Les bonnets de doigts[2] »est une activité d'entraînement. Elle n'est pas destinée aux enfants qui réussissent les items 1 et 2 de l'évaluation. Cependant, devant l'attrait de la situation, nous avons été amené à la leur proposer de façon ponctuelle, pour éviter leur frustration !

Objectifs

- Comprendre que l'on peut **désigner une quantité en utilisant des mots-nombres.**
- Apprendre les mots-nombres nécessaires si on ne les connaît pas.

Attention : l'activité ne vise pas l'apprentissage du dénombrement.

Matériel

- une trentaine de « doigts » de gants d'enfants dépareillés (coupés et surfilés) qui seront appelés les « bonnets des doigts »
- 30 cartes-mains représentant des mains avec 1 à 5 doigts levés → *fiche matériel 6*
- feuilles représentant une main d'enfant
- gommettes

Mots et expressions utilisés

Les noms des nombres (mots-nombres)

Atelier dirigé de 4 ou 5 enfants

Activité 1 Appropriation

But à atteindre : *Obtenir les « bonnets » nécessaires pour habiller les doigts levés.*

L'enseignant montre les « bonnets » des doigts et invite les enfants à les mettre sur leurs propres doigts, juste pour comprendre leur fonction.

Chaque enfant lève un certain nombre de doigts (c'est lui qui décide) et demande à l'enseignant le nombre de « bonnets » nécessaires pour habiller les doigts levés. Quand il reçoit les bonnets, il les enfile sur ses doigts levés. La présence des autres joueurs sert de garantie de conservation du même nombre de doigts levés.

2. L'idée de mettre des « bonnets » à des doigts peut sembler farfelue ! Nous l'avons introduite pour amener les enfants à observer cette collection si particulière que constituent les doigts de leur main (voire plus tard de leurs mains). Ces « bonnets » sont très bien acceptés par les enfants.

Les bonnets de doigts

Si l'enfant lève 3 doigts et demande 2 bonnets, l'enseignant donne 2 bonnets. Une fois la commande fournie, on met en correspondance les doigts levés, les bonnets et le **mot-nombre** correspondant : « Tu as demandé **2** bonnets, je t'ai donné **2** bonnets. Est-ce que cela va ? En fait, tu as levé **3** doigts, donc il te fallait **3** bonnets ».

ACTIVITÉ 2 Cartes et bonnets

Très vite les enfants lèvent toujours le même nombre de doigts et ne progressent plus. L'enseignant introduit alors les cartes-mains.

L'enseignant donne une carte à un enfant qui doit lever le même nombre de doigts que sur la carte et commander le nombre de bonnets adéquat.

ACTIVITÉ 3 Les gabarits des mains

La situation peut se prolonger en donnant à chaque enfant une feuille sur laquelle est dessiné le gabarit d'une main d'enfant dont tous les doigts sont levés et des gommettes qui représentent les bonnets. Quand un enfant a obtenu les bonnets correspondant à ses doigts levés, il colle le même nombre de gommettes sur les doigts du gabarit. Cela permet de laisser une trace et de nommer à nouveau les quantités.

En parallèle, au moment du regroupement, les enfants récitent des comptines numériques. L'enseignant peut également faire de simples jeux de doigts levés : « Levez 3 doigts, 2 doigts » ; « Est-ce que j'ai bien levé 4 doigts ? » (en se trompant parfois volontairement). On peut aussi utiliser une marionnette ou un animal fétiche de la classe : l'enseignant lève 2 doigts et la marionnette dit que c'est 4 ou l'inverse.

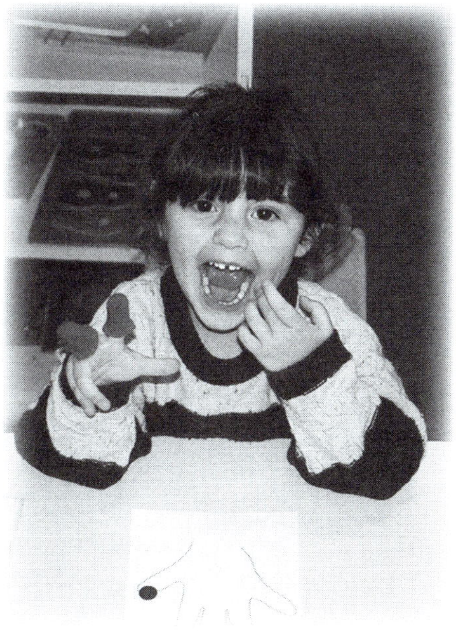

Situation 2

Petite Section et Moyenne Section

Cartes à points

La situation comporte deux activités différenciées : la première est destinée aux enfants qui ne dénombrent pas du tout (groupes 3 et 4 de l'évaluation), la seconde à ceux qui dénombrent (groupes 1 et 2 de l'évaluation). Il s'agit **d'apprendre une procédure de quantification** ou de s'entraîner à l'utiliser avec de plus en plus de fiabilité.

Atelier dirigé de 2 ou 3 enfants (groupes 3 et 4 de l'évaluation)

Activité 1 Autant de pions que de gommettes

Objectifs

- Apprendre à dénombrer quand on ne peut pas estimer une quantité globalement.
- Reconnaître et mémoriser des constellations-types.

Matériel

- des cartes à points comportant de 1 à 5 gommettes réparties de différentes façons, l'une étant celle qui correspond à la configuration du dé → *fiche matériel 4*
- un petit plateau par enfant
- une soixantaine de pions tous identiques dans une corbeille

Les cartes sont disposées en tas à l'envers devant deux ou trois joueurs. Chaque enfant tire une carte et prend dans la corbeille « autant de pions qu'il y a de gommettes sur la carte ». Il pose d'abord les pions à côté de la carte puis, lorsqu'il pense avoir pris la bonne quantité de pions, il les pose sur les gommettes pour valider. S'il a réussi, il verse les pions dans son plateau et garde la carte ; sinon, il remet les pions dans la corbeille et remet la carte, à l'envers, sous le paquet commun.

On joue quatre ou cinq tours ; le gagnant est celui qui a le plus de cartes (et non le plus de pions, ce qui permet de faire jouer certains enfants avec des « petites » cartes sans qu'ils soient pénalisés).

Pour un travail différencié, l'enseignant peut **donner les cartes** au lieu de laisser les enfants les tirer au hasard.

L'enseignant observe la façon dont chaque enfant se sert et valide : il aide l'enfant à mener à bien chacune de ses tentatives et n'hésite pas à lui **montrer** comment faire ; il verbalise ou fait verbaliser les actions. Il peut suggérer de montrer avec les doigts la quantité de pions désirée, par exemple.

Au moment de la validation, il indique, si l'enfant n'a pu le faire lui-même, qu'il y avait **4** gommettes sur la carte et qu'il fallait prendre **4** pions. Si l'enfant essaie de dénombrer et n'y parvient pas, l'enseignant montre encore comment se fait le dénombrement. Il insiste à la fois sur la suite numérique et sa récitation mot par mot et sur la nécessité de « marquer » (du doigt ou du regard) chaque gommette ou chaque pion dénombré, voire de séparer les éléments dénombrés de ceux qui ne le sont pas encore (adéquation unique).

Atelier dirigé de 2 ou 3 enfants (groupes 1 et 2 de l'évaluation)

Activité 2 Commander une quantité

Objectifs

- Consolider le dénombrement.
- Apprendre des mots-nombres encore inconnus ou mal connus :

en PS : jusqu'à 5 ou 6 **en MS** : jusqu'à 8 ou 10

Matériel

- environ 50 jetons
- 1 petit plateau par enfant
- 1 jeu de 5 séries de cartes à points de 1 à 10 → *fiches matériel C10 et C11* (les 4 jeux en couleur sont fournis en fin d'ouvrage. Constituer le 5e jeu en photocopiant au noir un des jeux en couleur)

en PS, on supprime certaines cartes 1 et 2 de manière à ce que les cartes 3, 4, 5 et 6 soient plus souvent rencontrées.

en MS, des cartes supérieures à 5 sont progressivement ajoutées (les 6, 7 et 8 ensemble, puis éventuellement les 9 et 10) pour attirer l'attention des enfants sur les ressemblances et les différences des **configurations.**

La situation de commande d'une quantité oblige à **utiliser les mots-nombres.**

Le déroulement est le même que pour l'activité 1 à ceci près que les enfants ne se servent pas eux-mêmes. Dans une première étape, l'enseignant fournit les jetons demandés par chaque enfant après tirage d'une carte ; dans une deuxième étape, un enfant pourra jouer ce rôle.

La partie se joue en cinq tours.

L'enseignant reprend toutes les erreurs de dénombrement et dénombre avec l'enfant si celui-ci a des difficultés. Il verbalise les actions nécessaires, par exemple :

- « Tu vois, il faut dire un mot à la fois en même temps que tu regardes un signe de la carte (ou un jeton) », si l'enfant n'applique pas le principe d'adéquation unique ;
- « Il faut savoir la suite : un, deux trois, quatre, cinq », si c'est la suite numérique qui n'est pas stable ;
- « Il faut toujours commencer par un », pour un enfant qui commence par n'importe quel mot-nombre.

Lorsque c'est un enfant qui est le fournisseur, il est important d'utiliser ce **rôle de façon différenciée** : choisir un enfant qui a des difficultés de dénombrement si les autres joueurs dénombrent bien et sont capables de relever les erreurs dans la construction de la commande ou, à l'inverse, un enfant compétent, avec des joueurs en cours d'apprentissage. L'essentiel est que les erreurs de dénombrement puissent être relevées par les enfants eux-mêmes et non par l'enseignant seul.

En parallèle, au moment du regroupement, l'enseignant montre de grandes cartes à points (constellations types seulement) et demande successivement à quelques enfants quelle est la quantité de points sur chacune.

Situation 3

MOYENNE SECTION

Jeux de construction

OBJECTIF

• Prendre conscience de la quantité des éléments entrant dans une construction modèle.

MATÉRIEL

• 1 jeu de construction comportant 3 ou 4 éléments différents
• 20 jetons pour l'activité 1
• des « bons de commande » pour l'activité 2

2 ou 3 constructeurs et 1 marchand
Travail autonome une fois la situation comprise

ACTIVITÉ 1 Commande orale

BUT À ATTEINDRE : *Refaire une construction modèle après avoir commandé les éléments nécessaires.*

L'enseignant montre une construction utilisant plusieurs éléments de chaque sorte du jeu de construction : de 1 à 4 éléments de trois ou quatre sortes par exemple. Si le matériel de construction le permet, l'enseignant propose un modèle différent pour chaque enfant.

Le marchand se tient, avec le reste des éléments, loin du modèle et de l'endroit où les enfants vont réaliser leur construction, de manière à ce que les enfants ne puissent pas voir leur modèle quand ils viennent chercher les éléments dont ils ont besoin.

Chaque enfant reçoit un nombre défini de jetons et en donne un à chaque fois qu'il vient chercher des éléments (et non un jeton pour un élément). Quand les jetons sont épuisés, le marchand ne fournit plus d'éléments. L'enseignant insiste bien sur la façon d'utiliser les jetons : « Chaque fois que vous allez chercher des « briques » (ou tout autre mot désignant les éléments du jeu de construction), vous donnez un jeton au marchand et vous pouvez lui demander tout ce que vous voulez ».

Les enfants peuvent travailler seuls s'ils ont bien compris les contraintes de la situation.

La validation des différentes constructions se fait avec l'enseignant : on vérifie la bonne réalisation, le nombre d'éléments qui manquent ou qui sont en trop et le nombre de jetons utilisés.

Le nombre de jetons est une variable fondamentale de cette situation. L'enseignant le modifie d'un groupe à l'autre et d'une partie à l'autre, en fonction des difficultés rencontrées : par exemple 3 jetons pour la première construction, puis 2 pour la seconde construction si la première a pu être menée à bien ou encore 3 dans le cas contraire.

Il existe de nombreux jeux de construction avec des fiches modèles sur lesquelles le nombre d'éléments de chaque sorte nécessaires à la construction est indiqué. Pour

travailler les objectifs visés dans ce chapitre, il nous a semblé préférable de **faire chercher ce nombre d'éléments au lieu de le fournir.**
De même, il est préférable de commencer par faire copier des constructions concrètes avant de passer à des fiches contenant des modèles en deux dimensions.

2 ou 3 constructeurs et 1 marchand

Activité 2 Utilisation d'un bon de commande

Chaque enfant reçoit un bon de commande sur lequel il doit indiquer la quantité de chaque sorte d'éléments. Ici les jetons sont remplacés par le nombre de bons de commande disponibles au départ.

Le remplissage de ce bon de commande va amener chaque enfant à chercher des **représentations des quantités** adaptées à ses capacités, sans être obligé d'utiliser des écritures chiffrées. Il peut par exemple :

- colorier les éléments désirés sur une liste comprenant un grand nombre d'éléments de chaque sorte faciles à identifier ;
- dessiner sur une feuille vierge autant d'éléments de chaque sorte qu'il veut, si les éléments disponibles sont faciles à dessiner (ce qui est rarement le cas) ;
- dessiner autant de bâtons ou de croix qu'il veut de « cubes » sur la ligne représentant un cube, dans un tableau donnant, en première colonne, la liste des différentes sortes d'éléments disponibles ;
- coller une gommette-nombre sur le même tableau (plutôt en GS) ;
- utiliser une écriture chiffrée sur le même tableau (plutôt en GS).

L'enseignant doit donc choisir la forme des bons de commande qu'il va fournir en fonction des capacités de ses élèves. Il peut ne proposer qu'une seule forme à la fois ou, au contraire, en mettre plusieurs à la disposition des enfants et les laisser choisir.

Le bon de commande permettant de garder une trace du nombre d'éléments de chaque construction, ce nombre peut être plus important que dans l'activité 1.

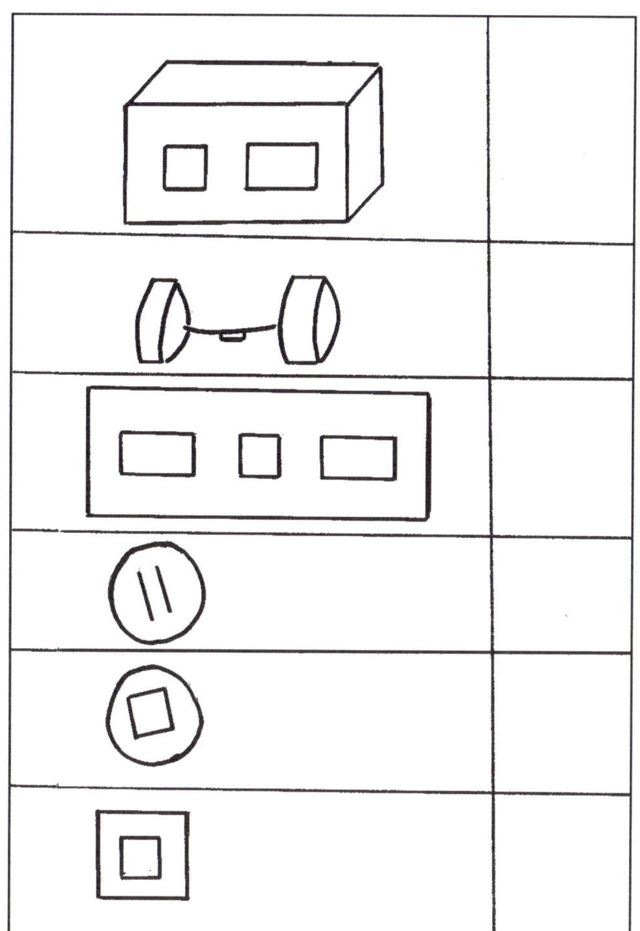

exemple de bon de commande ➤

Situation 4

MOYENNE SECTION[3]

La marchande

OBJECTIF

- Prendre conscience de l'équipotence de deux collections dans une situation d'échange.

MATÉRIEL

- une centaine de petits objets de 8 ou 10 sortes (de ceux que l'on trouve dans les kermesses) : disposer chaque groupe d'objets identiques (environ 10) sur un petit plateau

- une corbeille par enfant
- un porte-monnaie par enfant : par exemple des boîtes à cigarillos sur le couvercle desquelles l'indication « porte-monnaie » a été inscrite
- des « sous[4] », soit tous de la même couleur, soit une couleur par enfant si c'est possible
- une grande boîte qui sera la caisse du marchand
- une feuille de commande par enfant

MOTS ET EXPRESSIONS UTILISÉS

Porte-monnaie, sous, achat, échange, commande, feuille de commande.

Le terme « tableau à double entrée » n'est pas utilisé.

3. La situation de la marchande est reprise en GS avec des objets qui ont différentes valeurs. En MS, seul l'échange « un pour un » est envisagé.

4. Nous n'avons pas voulu utiliser une monnaie quelconque car ni les euros ni les centimes d'euros ne permettent de donner des prix adéquats aux objets proposés.

Atelier dirigé de 5 ou 6 enfants

Activité 1 Appropriation du matériel

But à atteindre : *Préparer autant de sous que d'objets choisis.*

Outre la familiarisation avec le matériel, cette étape a pour objectif de faire comprendre l'échange : un objet contre un sou et réciproquement.

L'enseignant apporte au milieu des enfants tout le matériel et laisse les enfants regarder et toucher les objets. Puis il montre les porte-monnaie et les sous qu'ils contiennent (4 ou 5 dans cette première étape). Chaque enfant ouvre son porte-monnaie et dénombre sa fortune.

L'enseignant indique alors qu'avec ces sous ils vont pouvoir acheter des objets ; il faudra donner **un sou pour chaque objet** acheté. Il propose alors à chaque enfant, à son tour, d'acheter quelques objets et de donner immédiatement les sous correspondants : « Pour chaque objet tu dois donner un sou ».

A l'inverse, quand chaque enfant a dépensé tous ses sous, l'enseignant invite chacun à rendre les objets en échange des sous : « Quand tu me donnes un objet, je te rends un sou ». Le fait d'avoir fourni des sous de couleurs différentes à chaque enfant permet une validation supplémentaire.

L'enseignant indique alors aux enfants présents que « la prochaine fois » ils vont pouvoir inscrire leur commande sur une feuille pour que le marchand puisse avoir le temps de bien préparer ce que chacun désire. Un enfant est alors désigné pour jouer le rôle de marchand et ne participe pas à l'Activité 2.

Les activités 2 et 3 peuvent se dérouler le même jour. En revanche, il est préférable que l'activité 4 aie lieu le lendemain de façon à ce que chaque enfant se souvienne assez bien de sa commande mais puisse cependant avoir besoin de sa feuille de commande pour être sûr de ne rien oublier.

Atelier dirigé de 4 ou 5 enfants. L'enfant qui jouera le rôle de marchand par la suite ne participe pas à cette activité.

Activité 2 Rédaction de la commande

But à atteindre : *Rédiger une commande d'objets et chercher la quantité de sous nécessaires pour la payer dans le cas où chaque objet vaut un sou : « un sou pour un objet » et « autant de sous que d'objets ».*

L'enseignant donne une feuille de commande et un porte-monnaie contenant une dizaine de sous à chaque enfant et explique le principe de la commande : les enfants devront cocher sur la feuille les objets désirés (on peut commander plusieurs objets de chaque sorte), sortir de leur porte-monnaie la quantité de sous correspondante et placer la feuille, les sous et leur étiquette-prénom dans leur corbeille.

L'enseignant aide chaque enfant à remplir sa première feuille de commande. Il s'agit de comprendre le fonctionnement d'un tableau à double entrée et non de « faire le tableau à double entrée ». La fonctionnalité de ce tableau demande donc un certain entraînement : « Tu veux commander un bracelet ? Où se trouve le bracelet sur ta feuille ? Où vas-tu mettre une croix pour indiquer que tu veux un bracelet ?... ».

Lorsque tous les enfants ont rempli leur feuille avec la commande de quelques objets, l'enseignant joue alors le rôle de marchand : chaque enfant présente, à son tour, sa feuille et les sous correspondants. L'enseignant fournit ce qui est demandé. Comme ces premières commandes ont été inscrites avec son aide, elles sont toutes valides : l'attention des enfants est alors centrée sur l'échange : **un sou pour un objet**.

Lorsque chaque enfant a obtenu ce qu'il désirait, l'enseignant permute les feuilles et demande à chaque enfant d'essayer de comprendre ce que l'auteur de la feuille voulait. Ceci prépare chaque enfant à devenir marchand.

La séance se termine par la rédaction autonome d'une nouvelle feuille de commande ainsi que la préparation des sous correspondant dans la corbeille, commande qui sera honorée le lendemain. L'enseignant inscrit sur chaque bon de commande, devant les enfants, la quantité de sous donnés et leur indique la fonction de cet écrit : « demain on pourra lire que tu as donné 5 sous... ».

L'enseignant ne vérifie pas ces commandes.

Un seul joueur, le marchand, en autonomie après explication de la tâche

ACTIVITÉ 3 Préparation des commandes par un enfant appelé « marchand »

Le marchand reçoit les corbeilles de chaque enfant. Il prépare les commandes dans les corbeilles et vérifie que la quantité de sous convient. Si tel n'est pas le cas (aussi bien **trop** que **pas assez** de sous), il rejette la commande mais devra expliquer ce qui ne convient pas (dans ce cas, le marchand place la feuille de commande erronée dans une pochette transparente). Les sous acceptés sont remis dans la caisse. **L'enseignant ne corrige pas.**

Atelier dirigé comprenant les acheteurs de l'activité 2 et le marchand de l'activité 3

ACTIVITÉ 4 Remise de la commande et vérification

Le marchand rend à chaque enfant sa feuille de commande. Chacun essaie de la relire avec l'aide de l'enseignant si besoin est. Le marchand donne ensuite à chacun sa corbeille.

L'enseignant veille à ce que chaque enfant puisse exprimer qu'il a bien reçu autant d'objets que de sous fournis (quantités) et que les objets obtenus sont bien ceux qui avaient été commandés (qualité).

Les enfants dont la feuille de commande était inadéquate ont alors la possibilité d'en refaire une nouvelle avec l'aide de l'enseignant qui leur fait d'abord analyser la nature de leurs erreurs : « Tu avais donné 5 sous, est-ce que tu pouvais commander la voiture et les bracelet ? », etc.

Les marchands deviennent acheteurs dans d'autres groupes et les enfants qui avaient eu des difficultés à commander deviennent soit marchand, soit à nouveau acheteurs.

Je peux commander		Quantité demandée
	Montre téléphone	
	Montre hélicoptère	
	Boucles d'oreilles Lune	
	Bébé porte bonheur	
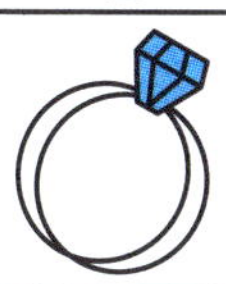	Bague	
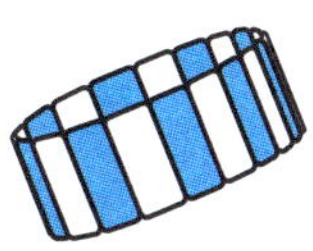	Bracelet élastique	
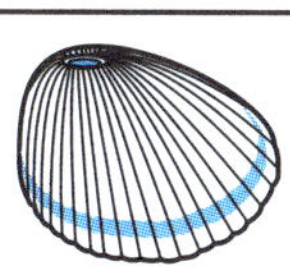	Coquillage précieux	
	Broche	
	Collier pendentif Or	
	Boucles d'oreilles carré	
	Bracelet tresse	
	Boucles d'oreilles cœur	
	Total	

Situation 5

PETITE SECTION ET MOYENNE SECTION

Livres à compter

En classe entière

ACTIVITÉ 1 Lecture de livres à compter[5]

Seule l'activité 1 est accessible aux Petites Sections.

OBJECTIFS

- Prendre conscience du lien entre l'augmentation d'un élément d'une collection et l'ordre des nombres.
- Mémoriser la suite des nombres.

MATÉRIEL

5 ou 6 livres à compter → *liste de livres à compter, page 76*

Dans les semaines qui précèdent l'activité 2 (réservée aux MS), l'enseignant apporte successivement plusieurs « livres à compter » caractéristiques et les lit à l'ensemble de la classe. Dès le deuxième ou troisième livre, il invite les enfants à anticiper ce qu'ils vont découvrir à la page suivante. Puis il ouvre le livre au hasard et fait anticiper aussi bien la page précédente que la page suivante.

5. Nous utilisons ici une définition restreinte du terme « livre à compter » : on appelle « livre à compter » un livre qui présente à chaque page une collection d'éléments (objets, animaux, personnages...) de telle sorte que cette collection augmente (ou diminue) de un élément d'une page à la suivante.

Lorsque la spécificité du « livre à compter » est bien reconnue par les enfants de MS, l'enseignant engage l'ensemble de sa classe dans le projet suivant : « Chacun de vous va fabriquer un livre à compter qu'il pourra ensuite emporter à la maison. Nous allons chercher comment nous y prendre. Qui a une idée pour le faire ? »

Cette invitation peut amener les enfants à faire des propositions pour cette fabrication. Si tel est le cas, l'enseignant prend en compte celles qui lui semblent réalistes ou aide les enfants à les aménager. Sinon, c'est lui qui fait les propositions d'organisation de l'activité suivante.

Travail individuel en autonomie sur plusieurs plages horaires (MS)

Activité 2 Fabrication individuelle d'un livre à compter

Objectifs

- Entraîner les capacités de dénombrement et la reconnaissance des écritures chiffrées des nombres jusqu'à 10 ou 12.
- Organiser diverses collections dans l'ordre croissant de la quantité d'éléments qu'elles contiennent.

Matériel

- des catalogues de vente par correspondance ou des revues pour enfants à découper
- des feuilles de format A4, des feutres, des paires de ciseaux, de la colle
- un tableau de nombres de 1 à 10 par enfant → *fiche matériel 7*
- une bande numérique personnalisée → *fiche matériel 7*

ÉTAPE 1 Fabrication des pages du livre dans le désordre

Pour que les objectifs d'apprentissage visés puissent être atteints, il est important que les enfants fabriquent chaque page de leur futur livre **dans le désordre**.

Plusieurs catalogues et revues sont mis à la disposition des élèves de la classe et chaque enfant reçoit un tableau de nombres.

L'enseignant explique aux enfants : « Pour faire une page du livre, il faut chercher des dessins ou des photos d'objets qui se ressemblent. Par exemple, sur cette page (il montre une page d'un catalogue), on peut découper plusieurs pulls ; les pulls découpés devront être collés sur la même page. Ce sera la page des pulls et il faudra écrire combien de pulls sont collés. Vous pourrez découper le nombre dans le tableau qui est ici et le coller. Si on colle 5 pulls, on colle aussi **le nombre 5** découpé dans le tableau.

Comme vous ne savez pas écrire le mot "pull", c'est moi qui l'écrirai quand la page sera prête. Attention, il ne faut pas coller trop d'objets sur une page : il ne faut coller que ce que vous êtes capable de compter et de toutes façons il ne faut pas dépasser 12. »

Les enfants placent les pages fabriquées dans une chemise. Le tableau de nombre leur permet de vérifier, seuls ou avec l'aide de l'enseignant, les pages qui restent à faire, voire d'éliminer celles faites en double ou de les échanger avec d'autres. Certains rangent spontanément leurs pages dans l'ordre croissant et constatent que cette organisation leur permet de mieux voir les pages manquantes.

ÉTAPE 2 Assemblage des pages des livres

Lorsque les enfants ont fabriqué un certain nombre de pages (les livres n'auront évidemment pas le même nombre de pages), il faut encore assembler ces pages. L'enseignant demande alors aux enfants de ranger dans leur pochette les pages fabriquées « dans l'ordre » ou de vérifier qu'il ne manque aucune page entre la première et la dernière.

Avant de relier chaque livre, l'enseignant peut mettre en place, en classe entière (en affichant les pages) ou en petits groupes, des activités du type suivant :

- une page est retirée d'une pochette et il s'agit de trouver la page manquante ;
- l'ordre des pages est bousculé et il faut tout ranger à nouveau ;
- des pages ont été ajoutées et il faut les supprimer ;
- si on fabriquait un « livre à l'envers » ?...

Annexes

Livres à compter

• *La revue des livres pour enfants,* n°199-200, Lire pour compter, compter pour lire, juin 2001

Spécialement pour la PS :

• *Un, deux, trois, c'est à moi,* Corinne Chalmeau, coll. Mon petit doigt m'a dit, Albin Michel Jeunesse, 1998
• *Où êtes-vous, les canetons ?,* Sabine Minssieux et Juliet Williams, Quatre Fleuves, 2003
• *Un, deux, trois poussins !,* Christopher Wirmell, La Joie de Lire, 1994
• *Combien de doigts ?,* Carla Dijs, Ouest-France, 1990

Plutôt pour la MS :

• *Dix petites coccinelles,* Elisabeth de Galbert et Laura Huliska-Beith, Quatre Fleuves, 2001
Elisabeth de Galbert a sorti d'autres livres dans le même genre que *Dix petites coccinelles*, avec *10 étoiles, 10 moutons* et avec d'autres animaux.
• *Les petites bêtes, les nombres,* David A. Carter, Albin Michel, 1994
• *Maman !,* Mario Ramos, L'école des Loisirs, 1999
• *Chaque soir quand je vais dormir,* Jutta Bauer, La Joie de lire, 1997

Situation 6

PETITE SECTION ET MOYENNE SECTION

Découverte des jeux de cartes

♠ ♥ ♦ ♣

Atelier dirigé de 4 enfants pour apprendre les règles, puis activité autonome

ACTIVITÉ 1 Trier les cartes

OBJECTIF

- Reconnaître les « dessins » des cartes : les ♠, les ♥, les ♦, les ♣

MATÉRIEL

- 1 jeu de 52 cartes dont on a retiré les figures

Les cartes sont étalées sur la table, face visible.

La consigne est de faire quatre tas : un tas pour chaque sorte de dessins, faces visibles bien sûr.

Cette façon de travailler est accessible à des Petites Sections et les familiarise avec les cartes à jouer normales.

Atelier dirigé de 4 enfants

ACTIVITÉ 2 Nommer les cartes

OBJECTIF

- Reconnaître les configurations des cartes et les nommer.

MATÉRIEL

- les cartes de 1 à 5 **en PS** de 1 à 7 **en MS** dans chaque couleur

L'enseignant pose au centre de la table une carte de ♠, une de ♥, une de ♦ et une de ♣. Le reste du paquet de cartes est grossièrement partagé entre les enfants (pas plus de quatre).

Chaque enfant, à son tour, prend la première carte de son jeu et la pose sur le bon tas (les piques sur les piques....) en la **nommant** : 7 de trèfle, 3 de cœur... Quand un enfant ne perçoit pas la quantité, l'enseignant demande à un autre de la lui dire ou la dit lui-même (il ne fait pas dénombrer) et en profite pour attirer l'attention des enfants sur les particularités de la configuration : « Tu vois, cette carte, c'est un 7 et je le vois parce qu'il y a 3 ici, et 3 là et encore un au milieu et ça fait bien 7 : un, deux, ..., sept. » Le dénombrement est alors une procédure de **validation**.

Si l'on fait dénombrer chacune des cartes mal connues pour l'identifier, on ne travaille pas la reconnaissance globale des configurations mais le dénombrement. D'un autre côté, il faut bien, au départ, avoir la garantie que la carte « 7 » contient bien 7 éléments...

Atelier dirigé de 4 enfants

ACTIVITÉ 3 Ranger les cartes

OBJECTIF

- Ordonner les quantités par ordre croissant.

MATÉRIEL

- les cartes de 1 à 5 en PS de 1 à 7 en MS dans chaque couleur organisées en 4 tas : les ♠, les ♥, les ♦, les ♣

Chaque enfant reçoit un des quatre paquets de cartes réparties par couleur : l'un a tous les piques, l'autre tous les cœurs, etc. L'enseignant explique : « Il faut ranger les cartes de la plus petite à la plus grande ».

L'observation des procédures est intéressante, car elle permet de voir que certains enfants dénombrent chaque quantité alors que d'autres reconnaissent certaines configurations et que d'autres enfin s'appuient sur les écritures chiffrées (avec, en particulier, confusion entre 6 et 9, non par méconnaissance des quantités ou des écritures mais par l'orientation des cartes).

Situation 7

Réussites

MOYENNE SECTION

Cette situation, sur les jeux de réussite[6], ne peut être proposée aux élèves de MS qu'après s'être assuré que les élèves connaissent la valeur des cartes (voir situation 6).

Nous proposons **cinq règles de réussites** qui, après appropriation en petits groupes, peuvent être utilisées en autonomie à différents moments de l'année et en famille, en particulier pendant les vacances d'été[7].

Objectifs communs à toutes ces réussites

- Mémoriser des configurations et reconnaître des formes.
- Apprendre à respecter des règles de jeux et les mémoriser pour jouer seul, hors de l'école.

RÉUSSITE 1 Les quatre as

OBJECTIF

- Ordonner des configurations.

MATÉRIEL

- les 5 premières cartes de chaque couleur d'un jeu de 52 cartes

Le jeu est progressivement élargi, suivant les compétences des enfants auxquels il est proposé : du 1 au 8 ou du 1 au 10.

BUT À ATTEINDRE : *répartir les cartes par couleur, en 4 suites croissantes (du 1 au 5 ou 8 ou 10).*

Le joueur dispose du paquet de cartes mélangées, faces contre la table, devant lui. Il retourne les cartes une à une : si c'est un as, il le pose devant lui au milieu de la table ; sinon, il pose la carte à l'endroit (pour distinguer les deux paquets) à côté de son paquet initial ; il continue à retourner les cartes jusqu'à avoir au moins un as. Il ne peut prendre que la première carte de son paquet. Les cartes rejetées s'accumulent sur le deuxième paquet.

Le joueur va ainsi « monter » chaque pile en plaçant le 2 puis le 3... dans la bonne couleur, jusqu'à la dernière carte. Quand il a pris toutes les cartes de son paquet initial,

6. Bien que les réussites se transmettent par une personne qui « montre » comment jouer à une autre et qu'elles fassent ainsi partie de la tradition orale, il existe des ouvrages qui conservent ce patrimoine culturel. Par exemple : *Les réussites ou patiences*, Editions Bornemann 1984, ou *Réussites et Patiences* de Pierre Berloquin, Editions Marabout, 1980.

7. Pour inciter les familles à faire jouer les enfants pendant les vacances, nous leur avons remis une copie de ces règles.

il prend le paquet des cartes rejetées, le retourne et recommence à prendre chaque carte une par une.

Dans la réussite traditionnelle, les cartes sont prises trois par trois et seule la carte qui se trouve au dessus du paquet peut être posée sur l'un des quatre tas. Nous avons renoncé à cette pratique pour deux raisons : d'abord parce que le jeu est très souvent bloqué, ce qui décourage les enfants et ne les fait pas progresser dans les apprentissages visés, et d'autre part parce que les enfants rencontrent de grandes difficultés manuelles à prendre les cartes trois par trois. Dans certaines classes, cependant, les enfants devaient prendre les cartes deux par deux : en cas de blocage, ils avaient droit à une « miséricorde » qui consiste à battre le jeu lorsque aucune carte n'a été retirée d'un tour entier. Cette modification relance l'intérêt du jeu.

RÉUSSITE 2 La suite retournée

OBJECTIF

- **Se construire une bonne image mentale de la position des 5 premiers nombres dans la suite croissante.**

MATÉRIEL

- **les cartes d'une seule couleur (par exemple les 5 ou 8 premiers ♥)**
- **à disposition mais facultatif : une bande de carton dont la largeur correspond à la hauteur des cartes et comportant 5 emplacements**

BUT À ATTEINDRE : *remettre chaque carte à sa place, dans l'ordre croissant.*

Au départ, le joueur mélange ses cartes et les aligne face retournée :

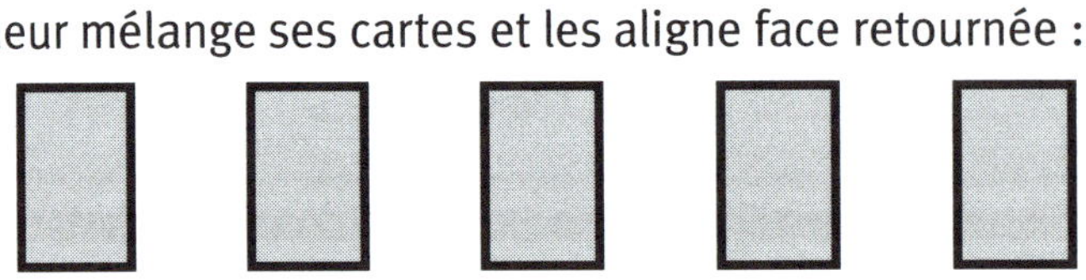

Pour faciliter le repérage des positions des cartes, lorsqu'on joue avec plus de 5 cartes, il est préférable de les disposer sur 2 rangées : 2 rangées de 3 pour 6 cartes, de 4 pour 8 cartes. C'est aussi l'occasion pour les enfants d'observer l'organisation d'une quantité en deux tas de la moitié des éléments.

Le joueur retourne ensuite une carte au hasard, par exemple la quatrième, en laissant sa place vide :

- si c'est le 2, il place la carte en deuxième position, face visible, et retourne la carte qui s'y trouvait ;
- si c'est le 5, il la met en cinquième position, etc.

La réussite est perdue si une carte qui vient d'être retournée est à sa place alors qu'il reste des cartes faces cachées qui, une fois retournées d'un seul coup, ne sont pas bien placées. En effet, puisque la cartes retournée est à sa place, il n'est pas possible de s'en servir pour retourner une nouvelle carte.

Dans le cadre des apprentissages visés dans ce chapitre, on peut changer la règle de cette réussite connue et permettre à l'enfant qui vient de retourner une carte qui se trouvait à la bonne place d'en retourner une autre et de continuer.

RÉUSSITE 3 Entre deux cartes[8]

OBJECTIF

- Prendre en compte 2 critères de classement.

MATÉRIEL

- 20 cartes (les 5 plus petites cartes de chaque couleur) ou davantage en fonction des compétences des enfants

BUT À ATTEINDRE : *mettre toutes les cartes en 2 tas ou en moins de tas possible (car cette réussite est difficile à réussir).*

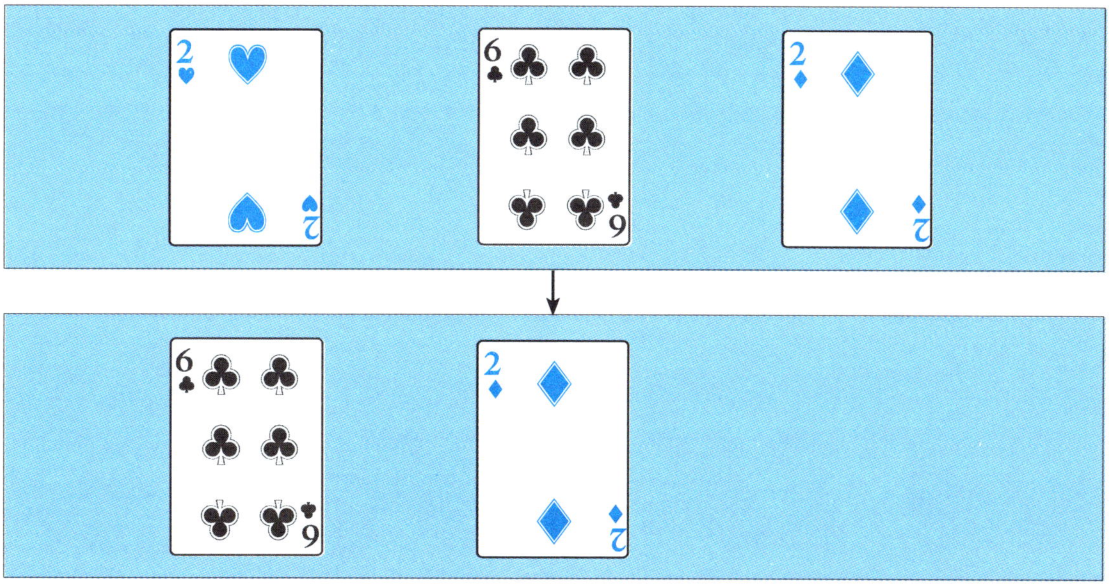

Le joueur aligne ses cartes une à une. Si une carte se trouve située entre deux cartes **de même valeur** (deux cartes « 6 » par exemple) ou deux cartes **de la même couleur** (deux piques), il prend la carte ainsi située « entre deux 6 » ou « entre deux piques » et la pose **sur la carte qui la précède** (c'est-à-dire à gauche).

Il arrive qu'une longue file se réduise brusquement par la pose d'une seule carte qui produit des réactions en chaînes à condition de toujours effectuer les déplacements possibles des cartes « entre deux » **du début vers la fin**.

8. Souvent appelée « La Poussette », dans laquelle les cartes « entre deux » sont simplement retirées du jeu au fur et à mesure, ce qui est plus facile à conduire mais moins facile à réussir !

RÉUSSITE 4 Les douze paquets

OBJECTIF

- Mémoriser des configurations et reconnaître des formes

MATÉRIEL

- 24 cartes : les cartes de 1 à 6 de chaque couleur

BUT À ATTEINDRE : *retirer toutes les cartes du plateau.*

12 cartes sont disposées côte à côte face retournée, sur 2 rangées par exemple, puis recouvertes des 12 cartes restantes, faces visibles.

Le but du jeu est d'éliminer les paires de cartes de même valeur et de même couleur (cette fois au sens de **rouge ou noire**) : ici, on peut retirer les deux as rouges et les deux 3 noirs. Chaque fois qu'une carte est enlevée, cela permet de retourner la carte du dessous ainsi libérée. Dans cet exemple, on obtient :

Réussite 5 Quatre par quatre

Objectif

- Mémoriser des configurations et reconnaître des formes.

Matériel

- 24 cartes : les cartes de 1 à 6 de chaque couleur

But du jeu : *regrouper 4 cartes de la même valeur pour les éliminer.*

Les 24 cartes sont en paquet. Elles sont sorties une à une et posées sur quatre emplacements que l'on peut matérialiser pour faciliter la mémorisation, plus un emplacement **de secours** placé à part.

Imaginons que sortent d'abord un 2, un 5, un 1 et encore un 2. Le dernier 2 va rejoindre le premier et laisse ainsi une case libre qui peut être occupée par la carte suivante. Dès que les quatre cartes de même valeur sont regroupées, le paquet de quatre est retiré ce qui laisse à nouveau un emplacement libre.

Lorsque les quatre emplacements sont occupés et que sort une nouvelle carte, celle-ci peut encore aller dans la case de secours. Mais une carte posée sur la case de secours n'y est que de façon transitoire, dans l'attente d'un emplacement libre : aucune autre carte ne peut y être déposée en même temps qu'elle.

Activités de différenciation

Les boîtes-quantités

C'est une situation qui permet de faire travailler l'équipotence de collections.

Objectifs

- Comprendre la signification de l'expression « autant que ».
- Construire des procédures de résolution et de validation.

Matériel

- des boîtes plates avec couvercles sur lesquels sont collées de 1 à 7 ou 8 petites gommettes (la disposition de ces gommettes varie : comme les constellations du dé, alignées, en vrac...)
- des pions, ou de très petits objets identiques, en grand nombre, disposés dans une corbeille

C'est une activité solitaire et différenciée (en fonction des difficultés rencontrées par chaque enfant, des boîtes différentes lui sont données à remplir). Un enfant est invité à remplir les quelques boîtes que lui remet l'enseignant en mettant « autant d'objets qu'il y a de gommettes sur le couvercle. » Un temps de validation est proposé avec l'enseignant quand celui-ci est disponible.

Annexes

Comptines et chansons

Ces « comptines » et chansons sont particulièrement nécessaires sur ce thème des quantités et des nombres : elles favorisent une mémorisation de la suite des nombres. Elles ont toujours été utilisées à l'école maternelle à cette fin. Nous en donnons quelques-unes, mais il nous semble intéressant de les chercher également auprès des familles, sur internet et dans les ouvrages spécialisés. Par exemple :

- *Enfantines*, M. C. Bruley et P. Dumas, L'école des Loisirs, 1988
- *Les comptines de langue française,* J. Baucaumont et P. Soupault, Seghers, 1971

Répertoire de comptines très connues, pour mémoire :

- *Un, Deux, Trois, j'irai dans les bois...*
- *Quand trois poules s'en vont aux champs...*
- *Ils étaient cinq dans le nid*
- *Voici ma main, elle a cinq doigts*

Quelques comptines complètes :

Un, deux trois,
Voilà trois petits doigts,
Mais j'en ai bien plus
Bien plus que ça.
Un, deux, trois, quatre,
Cinq petits doigts !
Un deux trois quatre cinq,
Il n'y en a plus !

L'alouette a fait son nid
Elle a passé par ici,
Le premier l'a attrapée,
Le second l'a plumée,
Le troisième l'a rôtie,
Le quatrième l'a mangée,
Et le petit riquiqui
N'avait plus que les os à sucer !

Dix petits oiseaux sur un fil de fer
Qui se balançaient la tête à l'envers.
Une feuille morte vient à tomber
Un petit oiseau s'est envolé.
Il en reste neuf.
Neuf petits oiseaux...

Dans ma main
J'ai cinq doigts
En voici deux
En voici trois
Bonjour toi
Et puis toi
Celui-ci, celui-là
Et puis moi
Tout petit, mais je suis là !

Dans sa maison minuscule,
Tante Ursule fait du calcul,
En comptant les sous de son pécule.
- Combien a-t-elle ?
- 20 sous
1, 2, 3, ...20 sous
Dans sa maison minuscule,
...
12 sous....

Petit oiseau dans sa cage
Voudrait faire un beau voyage
1, 2, 3, casse un barreau
4, 5, 6, vole bien haut
7, 8, 9, cherche la fenêtre,
10, 11, 12, elle est ouverte,
Reviens vite petit oiseau
Tu as oublié ton chapeau !

Béatrice a des écrevisses ;
Elle en vend six :
1, 2, 3, 4, 5, 6 !
Thérèse a des fraises ;
Elle en vend seize :
1, 2, 3, ... 16 !
Pique, pique, la bourrique
Compte bien s'il y en a huit
1, 2, ...8 !
J'ai passé le vieux pont,
J'ai compté 18 bâtons :
1, 2, 3, ...18 !

Un, deux, trois
Les petits soldats
Quatre, cinq, six,
Ils font l'exercice
Sept, huit, neuf,
Ils font la manœuvre
Dix, onze, douze,
Ils ont le nez rouge

Pinpernicaille,
Le roi des papillons,
En se faisant la barbe
Se coupa le menton.
1, 2, 3, de bois
4, 5, 6, de buis
7, 8, 9, de bœuf
10, 11, 12, de bouse
Va-t'en à Toulouse

Ma ceinture a encore dix brins
Dix brins de laine
Ma ceinture de laine.
Dix brins de joncs
Ma ceinture de joncs
Ma ceinture a encore neuf brins...
Ma ceinture a encore huit brins...

Petit oiseau qui vient de la mer
Combien de plumes peux-tu porter ?
Neuf
1, 2, 3,...9 !
Petit oiseau qui vient de la mer...
sept...
1, 2, 3, ...7 !

Un, deux, v'là les œufs,
Trois, quatre, faut les battre
Cinq, six, c'est Alice,
Qui les cuit
Neuf, dix, c'est Félix,
Onze, douze, qui les couve !

Comptines et chansons

Albums (autres que les livres à compter)

• *La chevrette qui savait compter jusqu'à 10,* Alf Poysen et Akiko Hayaski, L'Ecole des Loisirs, 1992 (à emprunter en bibliothèque car épuisé, mais très intéressant sur l'utilité d'apprendre à compter).

• *Savez-vous compter les œufs ?,* M.-Ch Butler et M. Rutherford, Nathan, 1988 (de même à emprunter en bibliothèque car épuisé).

• **« La série des souris »**, Haruo Yamashita et Kazuo Iwamura, L'École des loisirs :
- *Le train des souris,* 1986
- *Le petit déjeuner de la famille souris* (le grand père, la grand mère et dix petites souris), 1985.
- *Les souris à la plage* (sept enfants souris et leurs parents)
- *La famille souris et le potiron* (le grand père, la grand mère et dix petites souris)

• *La fête d'automne de la famille Souris,* Kazuo Iwamura, L'École des loisirs, 1993

• *Le gâteau aux fraises,* Akiko Hayashi, L'École des loisirs (spécialement pour les PS), 1988.

Jeux et/ou matériels

• **Nombreux jeux de construction** disponibles dans tous les catalogues de matériels pédagogiques : à partir de ces matériels, en dehors de l'utilisation en jeu libre, on peut proposer différentes activités plus structurées, en particulier avec un but à atteindre ou des contraintes précises ; par exemple : utiliser exactement 8 éléments pour réaliser une construction ou 3 de chaque sorte, etc.

• **Jeux de l'oie**

• **Petits chevaux**

CHAPITRE 4

Observer pour comprendre

Pareil, pas pareil... : des qualités

« La formation de la faculté d'attention est le but véritable et presque l'unique intérêt des études. »
Simone Weil

« ...il distingue **les qualités des objets ou des collections qu'il compare, classe, range, dénombre...** [...] Parmi les activités quotidiennes, nombreuses sont celles qui conduisent l'enfant à manipuler des objets de formes et de dimensions variées. L'examen de leurs caractéristiques permet très rapidement de se doter de catégories simples et, au début, dichotomiques permettant de les classer : petit/grand, lourd/léger, arrondi/pointu. En enrichissant les observations et en multipliant les comparaisons, l'enseignant amène les enfants à mieux distinguer divers types de critères (forme, taille, masse, contenance...) et à se livrer à des classements, des rangements. Par des jeux variés, on les conduit à élaborer des stratégies de dénomination ou de reconnaissance. [...] Bien que la désignation de certaines formes soit introduite à cette occasion (en particulier : carré, triangle, rectangle, rond), l'objectif principal n'est pas l'apprentissage d'un vocabulaire mathématique. »

Instructions Officielles 2002

Nous avons choisi de proposer, dans ce chapitre, des activités utilisant, pour la plupart, un même matériel, la collection de bouchons recyclables. Il est certain que d'autres choix sont possibles, quelques classes ayant expérimenté ces situations avec une grande collection de boutons par exemple. Le matériel retenu a cependant l'avantage d'être facilement obtenu par les familles qui sont ainsi amenées à s'intéresser au devenir de ce que les enfants apportent et de donner à ces derniers ***l'expérience d'une quantité à la fois évolutive, très variée et très abondante.*** *La collection est ensuite donnée à une association caritative avant d'être reconstruite l'année suivante par les nouvelles familles[1].*

1. Adresse internet de l'association : www.bouchonsdamour.com.

Situation 1

PETITE SECTION ET MOYENNE SECTION

Une « énorme » collection

OBJECTIF

- Apprendre à reconnaître l'identique dans le divers.

MATÉRIEL

- une très grande collection de bouchons de plastique récupérés auprès des familles : il ne faut pas se limiter aux bouchons d'eau minérale, de lait et de jus de fruit mais récolter toutes sortes de bouchons (de flacons de médicaments, produits d'entretien, produits de beauté...)
- grand bac (baignoire de bébé par exemple)
- des cuvettes ou cartons
- des boîtes à chaussures (une par enfant)

MOTS ET EXPRESSIONS UTILISÉS

- noms retenus pour les divers contenants
- noms des couleurs de plus en plus précis
- noms des signes divers qui vont permettre de caractériser les bouchons
- pareils, identiques, différents, de même sorte

Très souvent, devant l'abondance des bouchons récupérés, l'enseignant devra faire un tri préalable :
- **pour les activités 1 à 3,** il devra faire un pré-tri en ne conservant au maximum qu'une quinzaine de bouchons de chaque sorte (et non de chaque couleur) ;
- **pour l'activité 4,** il devra limiter le nombre de sortes de bouchons à une quarantaine environ.
Ces nombres pourront être différents en PS et en MS.

Présentation collective

ACTIVITÉ 1 Appropriation du matériel

Le premier contact avec « les bouchons » est d'abord celui de la découverte d'une **énorme** collection, à la fois par la **variété** des bouchons et leur **très grand nombre**. Les enfants de Petite Section ont d'abord un grand plaisir à « patauger » dans cette collection, à y mettre les mains, à en sortir de grosses poignées et à chercher des bouchons qui leur plaisent particulièrement. Cette abondance est un atout de motivation mais elle risque de compliquer les tâches auxquelles les enfants vont être confrontés par la suite.

Un premier tri est donc proposé par l'enseignant.

Travail quotidien en autonomie de 2 enfants après explication collective de la tâche

Activité 2 Organisation de notre très grande collection

Après avoir fait constater par les enfants que la collection est vraiment très « grande », « énorme », voire « monstrueuse »... l'enseignant propose de trier les bouchons **par couleur**.

Le premier jour, il apporte un assez grand récipient (cuvette, carton, bocal en plastique...) et indique qu'il va falloir y placer « **tous** les bouchons verts ». Il ne devra rester **aucun** bouchon vert dans la grande baignoire. Deux enfants sont chargés de ce premier tri et le font de façon autonome pendant les autres ateliers.

La validation se fait en grand groupe, par exemple à l'aide de questions du type :

- Est-ce que **tous** les bouchons du carton sont bien verts ?
- Est-ce qu'il reste encore des bouchons verts dans la grande baignoire ?

Une nouvelle couleur est indiquée chaque jour et un nouveau récipient est rempli par deux nouveaux enfants.

Au début, l'enseignant indique des couleurs de base : vert, rouge, jaune, bleu, blanc, noir. Puis, on passe à des couleurs moins connues des enfants : rose, orange, violet, marron, « transparent ». On en arrive même à envisager, après discussion avec les enfants, un carton contenant des bouchons « inclassables ».

Les récipients contenant les bouchons ainsi triés restent visibles, rangés sous le tableau par exemple. La grande baignoire initiale, qui s'est progressivement vidée, est retirée.

Il est clair que ce premier tri est totalement gratuit. Il est motivé, auprès des élèves, par la nécessité de mieux voir l'ensemble des bouchons d'abord versés en vrac dans la baignoire et les enfants acceptent très bien la tâche proposée.

Activité proposée chaque matin sur quelques semaines

Activité 3 Réunir les bouchons identiques à un modèle

Objectif : *Prendre en compte des propriétés moins visibles que les couleurs.*

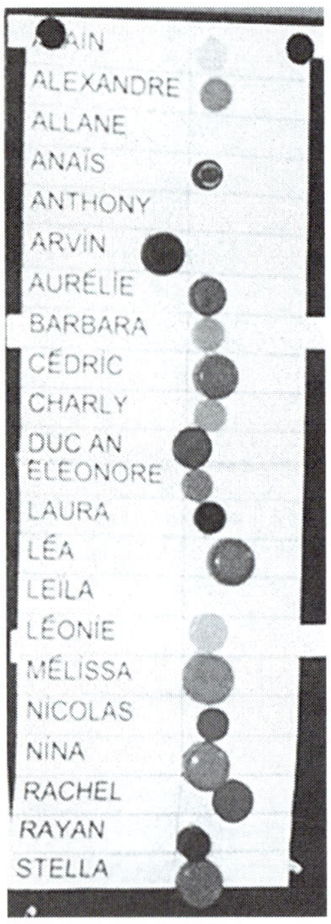

Deux enfants reçoivent chacun une boîte vide (du genre boîte à chaussures) et un bouchon différent (c'est l'enseignant qui choisit ce bouchon). Chaque enfant doit remplir sa boîte avec des bouchons identiques au modèle, celui-ci restant visible pendant tout le remplissage. Il doit aller chercher le récipient contenant les bouchons de la même couleur que celui qui lui a été remis avant de commencer son tri. Il prend alors en compte d'autres critères que la couleur de base pour ne garder que les **bouchons identiques** au modèle.

L'enseignant conserve un exemplaire de ce même bouchon et il est affiché en face du nom de l'enfant sur la liste de la classe, par exemple.

La validation se fait en classe entière, à partir de questions telles que :

- Est-ce que tous les bouchons mis dans la boîte par Alain sont bien les mêmes que le modèle ?

Si le tri comporte beaucoup de bouchons parasites, la boîte est redonnée à l'enfant qui doit enlever ceux qui ne conviennent pas ou ajouter des bouchons oubliés.

Le contenu de chaque boîte est conservé, par exemple en le versant dans un sac en plastique ou dans un bocal transparent, mais n'est surtout pas reversé dans la collection initiale ! A la fin de cette étape, il y a donc autant de sacs contenant des bouchons identiques que d'enfants.

Les activités suivantes se font sur le reste de la collection initiale et de façon différenciée : un même enfant ne fera pas l'ensemble des activités proposées.

Moyenne Section seulement

Activité 4 Le modèle n'est pas visible

Objectif : *Prendre des informations et les mémoriser.*

L'organisation est semblable à celle de la deuxième activité, mais le bouchon modèle est conservé dans une petite boîte fermée qui n'est ouverte qu'au moment de la validation. L'enfant doit avoir bien observé le modèle avant d'aller remplir sa boîte à chaussures.

On peut aussi imaginer que c'est l'enfant qui choisit son modèle et l'apporte au maître qui le conserve jusqu'à la validation.

Activité 5 Les bouchons pris ne restent pas visibles

Cette fois, c'est la boîte qui est fermée : le couvercle de la boîte est troué, comme celui d'une tirelire, de manière à ce que les bouchons puissent être introduits sans ouvrir le couvercle mais de façon également à ne pas être visibles une fois introduits.

Moyenne Section seulement

Activité 6 Double tri

Objectif : *Prendre conscience qu'un marquage peut être utile pour distinguer des objets identiques.*

L'enfant reçoit deux tirelires identiques et devra décider lui-même de deux types de bouchons, un pour chaque tirelire. Dans ce cas, un problème de désignation des deux boîtes se pose et doit être résolu, soit dès le départ, à la demande de l'enfant, soit après ouverture des boîtes (« Je savais plus dans quelle boîte j'avais mis le bouchon bleu ! »).

C'est au moment où l'enfant prend conscience qu'il ne parvient pas à distinguer ses deux tirelires, que l'enseignant l'aide à trouver lui-même un marquage efficace pour lui : signe choisi par l'enfant à poser sur l'une des deux tirelires, voire sur les deux, positionnement de chaque tirelire à un endroit précis, etc.

Sur le vif

Certains enfants cherchent des moyens qui ne sont efficaces que de façon éphémère. Par exemple :

- *Alain* commence par poser chacune des deux tirelires aux deux extrémités de la table sur laquelle il travaille. Il doit se déplacer pour aller chercher les deux types de bouchons. Après trois déplacements, il regarde les deux tirelires d'un air inquiet : « Je sais plus où je dois mettre ce bouchon-là ! »

- *Thomas*, qui s'était trompé une première fois, élabore une procédure plus sûre : il prend une seule tirelire et se déplace en l'emportant pour y mettre tous les bouchons qu'il trouve de la première sorte. Il revient la poser et repart en faire autant avec la deuxième. Au moment de valider (après la récréation), il dit : « Je suis sûr que je me suis pas trompé, mais je sais plus où j'ai mis les rouges... »

- Dans cette classe, aucun enfant n'a l'idée de « marquer » les tirelires. L'enseignant propose alors à *Juliette* de trouver un moyen pour se souvenir : Juliette dit qu'il faut enlever les couvercles... L'enseignant rappelle que, dans cette activité, on ne peut pas enlever les couvercles pendant qu'on remplit les tirelires et qu'il faut trouver autre chose. « Est-ce que je peux aller chercher des feutres ? » demande alors Juliette. Elle va chercher deux feutres de la couleur de ses bouchons et dessine un rond rouge sur le couvercle de sa première tirelire et un rond vert sur l'autre : « La rouge, c'est pour les bouchons rouges, la verte pour les verts. » La situation ne présente alors plus de difficultés (ni d'intérêt...), mais Juliette semble avoir pris conscience qu'elle pouvait sortir d'une impasse en trouvant un moyen de différencier ce qui était identique au départ.

Pour toutes ces activités, le problème principal reste celui de la validation : qui valide et comment peut-on valider ? Car la situation n'impose, en fait, aucune validation.
A l'usage, on s'aperçoit que les enfants eux-mêmes sont exigeants et qu'un tri erroné ou incomplet provoque chez les observateurs de vives réactions : « Il a pas fini ! Il s'est trompé, il faut enlever celui-là... ». Ces réactions semblent suffire à motiver une vérification scrupuleuse.

Situation 2

Doubles escaliers

Moyenne Section

Objectifs

- Prendre conscience de la nécessité de choisir des bouchons soit totalement identiques, soit de même forme et de même dimension, pour que la construction souhaitée puisse rester en équilibre.
- Découvrir, puis utiliser de façon efficace (ce qui demande beaucoup de soin) un algorithme de construction d'un « double escalier ».
- Prendre conscience que le nombre permet de mémoriser une quantité.

Matériel

- de « grandes » collections[2] de bouchons absolument identiques, obtenues par chaque enfant à partir de la grande collection de départ
- environ 15 étiquettes-nombres
- des boîtes à chaussures (une par enfant)

Mots et expressions utilisés

Marches, étages, base

Atelier dirigé de 4 enfants

Activité 1 Appropriation collective

L'enseignant a construit un double escalier[3] de 5 étages avec les bouchons :

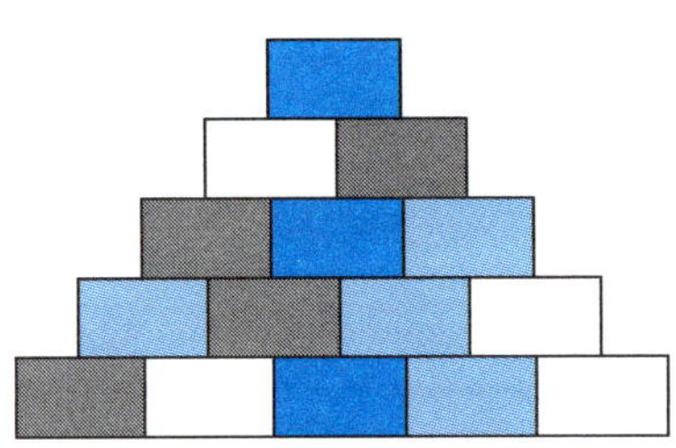

Il utilise, si possible, des bouchons de même forme et de même dimension, **mais de couleurs différentes** (par exemple des bouchons de bouteilles de lait de même forme

2. La taille des collections de départ n'est pas imposée et peut varier d'un enfant à l'autre ainsi que d'un essai à l'autre pour le même enfant.

3. Il peut être pratique, pour l'enseignant, de savoir comment calculer le nombre de bouchons nécessaires en fonction du nombre d'étages voulus. Par exemple, pour un escalier de 10 étages, il faudra 55 bouchons (calcul : $1 + 2 + 3 + ... + 10 = (10 \times 11) : 2 = 55$). Pour un escalier de n étages, il faudra $n \times (n + 1) : 2$.

qui peuvent être rouges, roses et de différents bleus), de manière à ne pas induire la procédure de tri préalable.

Il fait ensuite décrire ce double escalier. Par exemple : « Il y a 5 marches de chaque côté ; il y a 5 bouchons en bas (à la base) et il y a 5 étages... ».

Puis il demande à un enfant d'ajouter des bouchons pour que l'escalier ait « juste un étage de plus ». L'enseignant n'explique ni comment faire ni les propriétés, mais laisse les enfants s'exprimer. Si le premier enfant ne réussit pas à atteindre le but fixé, un autre enfant est invité à prendre sa place. Il ne s'agit pas ici de faire comprendre comment construire ce double escalier mais quel est le but à atteindre.

L'enseignant indique alors que chaque enfant de la classe va construire un double escalier et que celui qui aura construit le double escalier ayant **le plus d'étages** aura gagné. Chaque enfant peut prendre autant de bouchons qu'il veut.

Travail autonome

ACTIVITÉ 2 A chacun son double escalier

BUT À ATTEINDRE : *Construire un double escalier en utilisant tous les bouchons de sa boîte.*

Chaque enfant se constitue, en une seule fois, une collection de bouchons qu'il place dans sa boîte. Il se munit également d'étiquettes-nombres dont l'utilisation est expliquée ci-après. Chaque enfant commence alors à construire seul le double escalier en essayant d'utiliser tous les bouchons dont il dispose.

Rien n'est dit au départ de la nécessité d'avoir pris des bouchons exactement de même forme et de mêmes dimensions. C'est la construction qui amène les enfants à réaliser que cette contrainte est indispensable. Si un enfant a pris des bouchons au hasard et s'aperçoit qu'il aurait dû prendre des bouchons de même forme et de même taille, il peut aller vider sa première collection et se servir à nouveau.

La construction étant fragile, à chaque étage supplémentaire réalisé, l'enfant est invité à dénombrer les étages et à prendre l'étiquette-nombre correspondante. Il change donc d'étiquette-nombre à chaque étage ajouté. **C'est la dernière étiquette-nombre prise qui sert de trace à la construction.**

Si c'est possible, l'enseignant prend une photo de la construction définitive.

Lorsque tous les enfants ont successivement construit leur double escalier et gardé une trace de la hauteur de leur escalier, on détermine l'escalier qui avait le plus grand nombre d'étages (et non celui qui était le plus grand), à partir des étiquettes-nombres. Le gagnant est alors invité à reconstruire ce double escalier avec le même nombre d'étages.

En général, le nombre de bouchons dont dispose un enfant ne permet pas de construire un double escalier parfaitement symétrique : il reste quelques bouchons. Cette particularité n'est pas indiquée avant la construction, mais peut faire l'objet d'une analyse a posteriori : il y a trop de bouchons si on fait 5 étages mais il en manque si on veut en faire 6. En Moyenne Section, on ne peut aller plus loin.

L'idéal, au niveau des prises de conscience attendues aussi bien que de la progression dans la précision des gestes, est de proposer à nouveau le concours un peu plus tard.

Situation 3

Moyenne Section

Concours de paires

Objectifs

- Reconnaître les éléments identiques dans une collection importante.
- Comparer des quantités que l'on ne sait pas dénombrer.

Matériel

- 2 collections identiques d'une trentaine de bouchons (la taille de la collection peut varier en fonction des enfants)
- un grand plateau
- un sac en toile pouvant se fermer par une cordelière
- 2 boîtes à chaussures (une par joueur)

Ici encore, la constitution de la double collection par l'enseignant est très importante. Suivant les choix faits, la tâche des enfants sera plus ou moins difficile : nombre de bouchons (qui peut être différent suivant les enfants), « proximité » des propriétés retenues...

Atelier dirigé de 4 enfants : 2 joueurs avec chacun un observateur

Activité 1 Constitution des paires de bouchons

But à atteindre : *Faire le plus de paires de bouchons identiques.*

Les 2 joueurs jouent **en même temps**, sans s'attendre, sous l'œil de leur observateur respectif.

Une des deux collections est versée dans le sac de toile et l'autre est étalée sur le plateau placé entre les joueurs. Chaque joueur pioche au hasard un bouchon dans le sac de toile et cherche le bouchon identique sur le grand plateau. Si l'observateur approuve, les deux bouchons appariés sont mis dans la boîte du joueur et celui-ci tire un nouveau bouchon. Les joueurs ne s'occupent pas l'un de l'autre puisque chacun doit essayer d'obtenir le plus de paires possibles.

Activité 2 Comparaison des collections gagnées

Lorsqu'il n'y a plus de bouchons dans le sac et sur le plateau, il faut comparer les collections obtenues par chacun des joueurs et se demander qui en a récolté le plus.

Pour aller plus loin

La question de la comparaison est un vrai problème au niveau de la Petite Section et même en Moyenne Section. Il ne s'agit pas ici de « l'enseigner », mais d'engager les enfants dans un questionnement à son sujet. Voici quelques points importants :

- **Faut-il comparer les bouchons ou les paires ?** Il est plus facile de comparer le nombre de paires puisqu'il y en aura deux fois moins que de bouchons... Certains enfants le proposent ou l'acceptent très bien tandis que d'autres restent accrochés à la quantité de bouchons. Nous avons pris le parti de commencer par laisser les enfants choisir l'objet de la comparaison et de les aider à mener à bien cette comparaison s'ils ne peuvent le faire seuls, comme nous allons le voir ci-dessous.

- **Comment comparer des collections dans un domaine numérique « grand », c'est-à-dire dans lequel le dénombrement n'est pas vraiment possible ou assez sûr pour les enfants ?**

Plusieurs procédures sont possibles en dehors du dénombrement :

- l'approximation : elle est pertinente lorsque les collections à comparer sont très différentes ; les enfants disent : « Alexandre il en a beaucoup et Julie elle en a pas beaucoup ».

- la correspondance terme à terme sous diverses formes, par exemple : constitution de deux « trains » en posant un élément de chaque collection côte à côte et observation du « train » le plus long ; mise à l'écart d'un élément de chaque collection jusqu'à épuisement des éléments d'une des deux collections.

- **Certaines de ces procédures sont peu sûres, approximatives.** Il nous semble cependant qu'elles constituent une bonne approche pour apprendre à comparer. D'autres situations nécessiteront plus d'exigence et nous n'avons pas essayé de contraindre trop tôt les enfants à utiliser des procédures qu'ils ne peuvent s'approprier facilement. Si certains enfants font remarquer que ce n'est pas sûr qu'Alexandre en ait plus que Julie, alors l'enseignant aide les enfants à construire une procédure plus sûre.

Situation 4

Moyenne Section

Mini-collection

Objectif

• Prendre en compte et mémoriser deux types de renseignements pour constituer une collection identique à une collection de référence : la **quantité** de chaque élément et les **qualités** de chacun.

Matériel

• une « réserve de bouchons » disposée sur un plateau et posée sur une table à l'écart : cette réserve contient une dizaine de bouchons A, B, C et D par exemple, ainsi qu'une dizaine de 2 ou 3 autres sortes de bouchons
• un couvercle de boîte à chaussures par enfant et un pour le « modèle »
• une mini-collection de bouchons choisis par l'enseignant : 3 A et 2 B par exemple (ou 2 A, 1 B, 3 C et 1 D...)

Atelier dirigé de 4 enfants

Activité 1 Le même modèle pour tous

But à atteindre : *Construire une collection identique à une autre.*

L'enseignant a disposé une mini-collection de bouchons dans un couvercle de boîte à chaussures. Elle sert de « modèle ».

Chaque enfant, à son tour, se lève et va chercher, **en une seule fois,** les bouchons dont il a besoin pour reproduire la mini-collection modèle sur son propre couvercle. Lorsque tous les enfants ont terminé, l'enseignant organise une mise en commun qui porte à la fois sur la production de chacun comparée au modèle et sur les méthodes utilisées.

Dans cette première étape, le fait d'avoir tous le même modèle favorise la mise en commun en fin de tâche. Chaque enfant doit avoir construit la même collection (que le modèle et que celle de son voisin). Il est donc possible de la décrire à la fois en désignant les bouchons à l'aide de leurs propriétés et en spécifiant les quantités : « Moi, j'ai pris d'abord 1 rouge, et puis les 2 bleus clairs ; pour les 3 bleus foncés, j'ai pris 1, 2 et 3 pour ne pas me tromper. » Pour cela, il est souhaitable de rester dans des « petites collections ».

Activité 2 A chacun son modèle

L'organisation est la même, mais chaque enfant a cette fois-ci comme modèle une mini-collection différente à construire.

En fin de tâche, l'enseignant peut proposer aux enfants de vérifier la construction de leur voisin, de manière à renforcer l'intérêt.

Situation 5

FIN DE PETITE SECTION MOYENNE SECTION[4]

Exposition de la collection

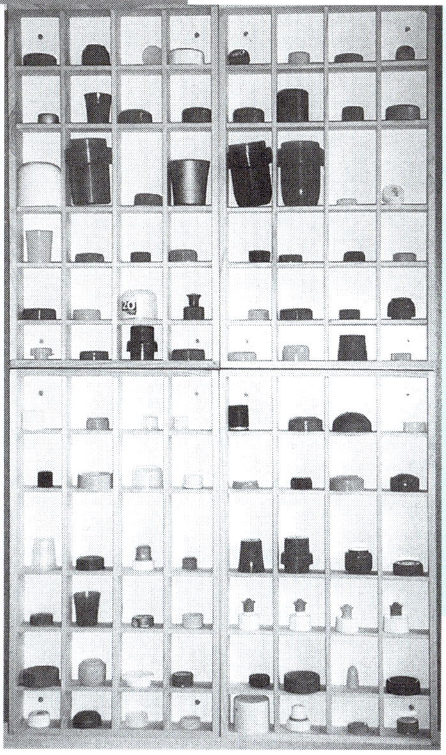

OBJECTIF

- Prendre conscience que **mettre de l'ordre** dans une collection permet de mieux identifier chacun de ses éléments.

MATÉRIEL

- un panneau d'affichage ou un grand casier (du genre casse d'imprimerie, par exemple) sur lequel les bouchons peuvent être accrochés en restant très visibles, mais également être déplacés en cas de nécessité
- tous les bouchons tels qu'ils ont été triés dans la situation 1

Présentation collective

ACTIVITÉ 1 Appropriation de la situation

BUTS À ATTEINDRE : *Élaborer sa propre collection **faite de bouchons tous différents**; organiser une exposition de la **collection de la classe** dans laquelle les bouchons exposés seront **tous différents**.*

L'enseignant a commencé à afficher quelques bouchons (une dizaine, par exemple).

Lors d'un moment de rassemblement, il propose aux enfants d'exposer la collection complète : « On va faire un panneau pour montrer aux parents tous les bouchons **différents** que nous avons récoltés dans la classe ». Il prend alors successivement quelques bouchons qui sont ou non différents de ceux déjà affichés et demande aux enfants s'il peut les mettre sur le panneau : « Est-ce qu'il est différent de ceux qui sont déjà affichés ou est-ce qu'il est pareil ? » Pour chaque bouchon montré à l'ensemble des élèves, l'enseignant demande à un enfant de conclure : s'il est différent, il est immédiatement affiché, sinon on le met de côté.

4. Il n'est pas question de faire refaire cette situation en MS aux enfants qui l'ont déjà pratiquée en PS mais les enfants de MS peuvent encore en tirer un grand profit.

Activité 2 L'exposition se construit progressivement

Cette activité se déroule simultanément de deux façons : d'une part, chaque enfant va construire sa propre collection et, d'autre part, l'ensemble de la classe s'engage dans l'élaboration de la collection collective. Nous décrivons ces deux activités successivement bien qu'elles se déroulent en même temps.

Atelier autonome de 4 ou 5 enfants

ÉTAPE 1 Construction des collections individuelles

Chaque enfant reçoit une boîte à chaussures avec couvercle marquée à son nom. Chacun est invité à se constituer sa propre collection : « Attention, il ne doit pas y avoir deux bouchons identiques, exactement pareils, dans une même collection. Ils devront être **tous différents.** »

A la fin de l'atelier, l'enseignant propose aux enfants d'échanger leurs boîtes deux à deux **« pour vérifier si les bouchons sont bien tous différents ».** En cas de litige (un bouchon qui se retrouve deux ou plusieurs fois), le contrôleur retire les bouchons identiques et les pose dans le couvercle jusqu'à ce que le « remplisseur » convienne de son erreur.

Le remplissage des boîtes individuelles peut ensuite se poursuivre à d'autres moments de la journée définis par l'enseignant et sur plusieurs jours, jusqu'à ce que **l'enfant décide qu'il a terminé sa collection.**

La constitution d'une collection individuelle présente au moins deux intérêts : d'une part, elle engage chaque enfant dans la recherche de nouveaux bouchons et les prépare à affronter la collection collective (beaucoup plus complexe puisque chaque enfant doit analyser ce qui a déjà été produit par ses camarades) en requérant un minimum d'organisation ; d'autre part, elle produit des collections différentes puisque les enfants ne vont pas nécessairement sélectionner les mêmes bouchons, ce qui conduit les enfants à comparer leurs trésors et parfois même à faire des échanges sans qu'il soit besoin de les y inviter.
On voit, une fois de plus ici, tout l'intérêt de disposer d'une très grande réserve de bouchons.

Activité rituelle sur plusieurs jours pendant le rassemblement

ÉTAPE 2 Élaboration de la collection collective

Chaque matin, un enfant (voire deux ou trois pour aller plus vite) est invité à observer l'exposition et à aller chercher un nouveau bouchon, **un bouchon qui n'est pas déjà affiché**.

Petit à petit la tâche se complique et il devient nécessaire **d'organiser la collection pour mieux voir.** Cette étape est fondamentale et c'est bien l'importance de la collection qui constitue un vrai problème. La procédure d'organisation doit être découverte par les enfants (« si on mettait tous les rouges ensemble on verrait mieux ») et non proposée ou imposée par l'enseignant.

La situation se termine soit parce qu'effectivement l'exposition est exhaustive (cas bien improbable...), soit parce que l'intérêt des enfants faiblit.

Dans les deux cas, la décision de clore l'activité incombe à l'enseignant qui essaie de partager cette nécessité avec les enfants. L'important est de donner des critères objectifs à l'arrêt de l'activité.

Le panneau est placé dans le hall de l'école ou à un endroit de passage permettant aux parents de le voir et aux enfants de faire des commentaires. Chaque enfant peut alors emporter sa collection individuelle, mémoire personnalisée de la collection de la classe.

Situation 6

MOYENNE SECTION

A chaque contenant son couvercle

OBJECTIF

• Rechercher les critères qui permettent d'apparier des objets et les mémoriser.

MATÉRIEL

• un carton pouvant contenir une quinzaine de bouteilles, flacons, pots, boîtes, en plastique ou en verre (il est préférable de récolter des contenants différents de ceux utilisés dans les autres situations)
• un autre carton avec les couvercles ou bouchons des contenants
• quelques couvercles supplémentaires

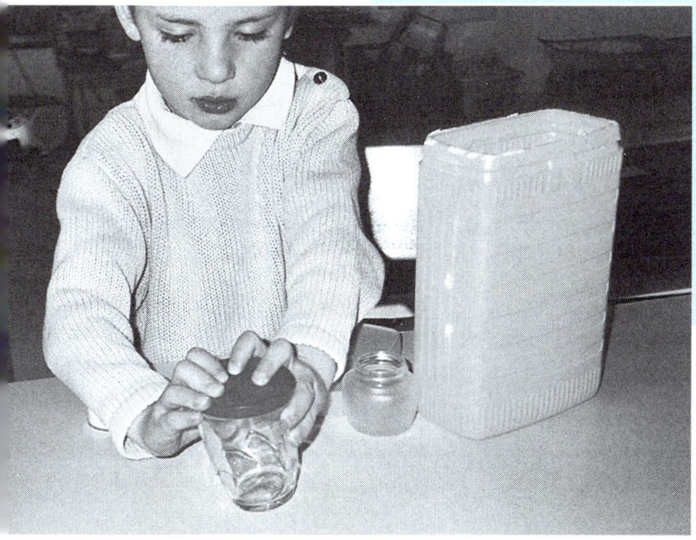

MOTS ET EXPRESSIONS UTILISÉS

Intérieur, extérieur, goulot, ainsi que des mots spécifiques aux récipients utilisés dans chaque classe.

Dans cette situation, nous parlerons de « couvercles » et pas seulement de « bouchons ».

Le choix des contenants est très important et doit permettre à tous les enfants d'exercer leurs talents d'observation. Il faut donc disposer d'un grand nombre de flacons, bouteilles, boîtes aux formes variées.
Il existe par exemple de grandes boîtes de cacao qui se ressemblent beaucoup mais dont les couvercles sont bien spécifiques et avec des tailles différentes : les boîtes sont bleues et les couvercles bleus ou jaunes (ou vice versa) ; les quatre associations BB, BJ, JB et JJ existent dans le commerce. Les enfants se laissent surprendre au départ, pensant qu'une boîte jaune doit avoir un couvercle jaune. Puis, ils observent plus attentivement leur boîte et parviennent à rapporter le couvercle adéquat en se fiant, cette fois-ci, à la taille ou à la forme et non plus seulement à la couleur. De même, certains flacons de produits de beauté possèdent des bouchons surdimensionnés par rapport au flacon, ce qui oblige les enfants à s'intéresser au pas de vis et non pas seulement aux dimensions extérieures.
Les critères à prendre en compte sont nombreux et pas toujours exploités par les enfants au départ : couleur, forme, taille, spécificité des « intérieurs » des couvercles, couvercles qui se vissent ou non, petits fils restant autour du goulot, odeur, toucher, etc.

Atelier de 4 enfants

Activité 1 Un couvercle à la fois

But à atteindre : *Redonner à chaque contenant son couvercle.*

Environ une quinzaine de bouteilles, flacons et boîtes est disposée dans un carton, sur la table devant les enfants. Les couvercles se trouvent dans un autre carton. Après avoir montré rapidement aux enfants, sur une bouteille qui sera ensuite enlevée de la collection, que chaque contenant peut être fermé par son couvercle mais que les autres couvercles ne lui conviennent pas (à vérifier impérativement avant l'activité), l'enseignant répartit les contenants entre les enfants du groupe (2 ou 3 pour chacun) et place le carton avec les couvercles sur une autre table. Chaque enfant, à tour de rôle, doit ensuite se lever pour aller chercher le couvercle d'un de ses contenants, mais sans les emporter avec lui.

L'activité motive beaucoup les enfants alors qu'elle est encore très difficile à réussir en moyenne section (2 sur 3 en moyenne). La verbalisation est une très grande aide pour l'enfant qui prend alors en compte des critères qu'il n'avait pas vus jusqu'alors : « Dis-nous comment doit être le couvercle que tu vas aller chercher ».

Activité 2 Trois d'un coup

L'enseignant donne 3 contenants à chaque enfant. Chacun doit aller chercher en une seule fois les 3 bouchons ou couvercles dont il a besoin.

La progression entre les deux étapes oblige les enfants à affiner leurs observations et surtout à les mémoriser.

Sur le vif

Au début, les enfants regardent l'extérieur du couvercle, pas l'intérieur. Ils ne font pas la différence entre les couvercles qui se vissent et les autres. Ces critères ne sont pris en compte que très progressivement, souvent grâce aux demandes de verbalisation de l'enseignant.

Morgane cherche un couvercle rectangulaire pour une boîte de chocolat en poudre bleue. Par deux fois, elle prend un couvercle bleu (trop grand ou trop petit), puis finit par conclure : « C'est pas possible, y a plus de couvercle pour ma boîte ». Pour sortir de l'impasse, l'enseignant lui fait remarquer qu'il reste encore un couvercle rectangulaire jaune, mais elle ne veut pas le prendre. A la question pourquoi, elle répond « parce qu'il est jaune ».

Gaïa, elle, sent le pot qui lui a été remis et se met à rechercher son couvercle en sentant tous les bouchons !!! Voici donc un nouveau critère auquel nous n'avions pas pensé.

Certains enfants regardent jouer les autres de loin, l'air de rien et, lorsqu'ils viennent jouer, se souviennent de ce qu'ils ont observé. Il faut donc pouvoir changer boîtes et bouchons pour conserver la nécessité de chercher.

Situation 7

Moyenne Section

Jeux de portrait

Objectifs

- Analyser des objets, définir et verbaliser les propriétés qui les caractérisent.
- Comprendre l'intérêt d'une procédure de dichotomie à partir du traitement des réponses à des questions librement posées.
- Utiliser des informations négatives.

Matériel

- 2 collections identiques d'une quarantaine de bouchons pris dans la grande collection et ayant des propriétés bien repérables
- un sac en toile pouvant contenir une des 2 collections
- une petite boîte pour cacher un seul bouchon
- quelques corbeilles
- 2 plateaux
- des « tickets »

Pour constituer la collection de référence, il faut choisir des bouchons en utilisant plusieurs critères :
- la couleur : 3 couleurs différentes par exemple
- la taille : des grands et des petits (bien différents)
- l'épaisseur
- le fait qu'ils aient une ouverture sur le haut ou non
- une « marque » : présence ou non d'une trace écrite

On ajoutera quelques « parasites », comme le fait qu'il y ait 2 couleurs sur le bouchon. Il est important qu'un critère utilisable par les enfants (est-ce qu'il est bleu ?) corresponde à plusieurs bouchons et non à un seul de manière à ce que ce critère ne soit pas suffisant.
Nous avons, par exemple, travaillé avec une collection de 36 bouchons tous bleus, ce qui oblige les enfants à prendre en compte des propriétés plus complexes : la forme, la taille, l'ouverture, etc.
La collection de référence est modifiée de temps en temps pour que les enfants ne s'habituent pas aux critères étudiés.

Atelier dirigé de 4 à 6 enfants

ACTIVITÉ 1 Deux collections identiques

L'enseignant mélange les deux collections identiques sur la table avant l'arrivée des enfants et leur demande d'apparier[5] les bouchons. Les enfants constatent qu'il y a toujours deux exemplaires d'un même bouchon.

Puis, les enfants sont invités à séparer les deux collections sur les deux plateaux de manière à ce qu'ils soient bien convaincus de l'identité des collections. Par exemple, l'enseignant prend un bouchon sur un plateau et un enfant doit retrouver « le **même** », le bouchon « **identique** », et le placer sur l'autre plateau ; puis l'enseignant montre un autre bouchon et ainsi de suite. Mais les enfants peuvent mettre en œuvre une autre procédure qui consiste à prendre une paire de bouchons et à les séparer sur les deux plateaux.

L'enseignant invite alors un enfant à prendre un bouchon sur l'un des plateaux, sans que les autres voient ce bouchon, et à le décrire pour que ses camarades puissent retrouver sur l'autre plateau celui qui lui est identique : « Comment est-il ? ». L'enseignant commente les informations fournies et les réactions des autres joueurs : il fait ressortir les informations qui sont utiles de celles qui ne le sont pas. Par exemple, Christian dit : « Il est aussi dans ma maison. » L'enseignant interroge le reste du groupe : « Qu'est-ce que nous dit Christian ? Est-ce que cela nous aide à trouver ? Pourquoi ? ».

Lorsque ce bouchon est enfin découvert, l'enseignant place une des deux collections dans une boîte fermée et laisse la collection identique sur un plateau. Il explique alors les règles du jeu de portrait : il faut découvrir un bouchon choisi et caché par le meneur de jeu, en posant des questions auxquelles le meneur ne peut répondre que par « oui » ou par « non ».

L'enseignant meneur et un groupe de 4 à 6 enfants

ACTIVITÉ 2 Appropriation des règles du jeu

BUT À ATTEINDRE : *Trouver un bouchon en posant des questions sur ses propriétés, sans montrer ou nommer le bouchon visé.*

C'est l'enseignant qui joue le rôle de meneur. Il fait une mise en scène pour prendre un bouchon dans la boîte et le cacher de manière à créer un suspense.

Dans la première partie jouée avec chaque groupe, l'enseignant laisse émerger les questions directes, c'est-à-dire celles qui sont du type « Est-ce que c'est celui-ci ? ». C'est en cours de partie que l'intérêt ou non d'une telle question va émerger, car quand on répond non il n'y a qu'un seul bouchon éliminé.

A la fin de cette activité, l'enseignant indique que chacun ne pourra poser qu'une seule question « directe ».

5. Il ne s'agit pas ici d'une « correspondance terme à terme » mais bien d'un appariement : les deux collections sont bien mises en correspondance mais chaque bouchon de la première collection est mis en correspondance avec un seul bouchon de la seconde, celui qui lui est identique

Sur le vif

Dans chacun des deux groupes (hétérogènes) de cette classe, un enfant a immédiatement voulu séparer les bouchons qui ne correspondaient pas à la réponse positive en conservant au contraire près de lui les « bons ».

• Dans le premier groupe, *Erwan* pousse les bouchons qui ne conviennent pas, sans en avoir l'air, comme si ce n'était pas permis. Il faut encourager la procédure de mise à l'écart qui est ensuite reprise par les autres enfants au fur et à mesure des questions. Un enfant dit qu'il faut mettre ceux qui ne vont pas « dans la corbeille ». On peut donc profiter de ces remarques pour introduire une « corbeille » qui prend le statut de réceptacle des bouchons parmi lesquels le bouchon cherché **ne se trouve pas.**

• Dans le second groupe, qui n'a pas vu le déroulement du premier, *Paul*, après avoir reçu une réponse négative à sa question « Est-ce qu'il est vert ? » dit : « Il faut enlever ceux qui sont **pas verts** ». Paul est donc déjà capable de tirer profit de la réponse négative qu'il a reçue.

Les enfants parviennent assez rapidement à varier les questions, sans doute parce qu'ils se concentrent sur un bouchon particulier[6] : « Est-ce que le bouchon a un bouchon ? », phrase complexe mais qui signifie que cet enfant regarde un bouchon qui s'ouvre...

Enfin, si le but avait été d'apprendre le nom des couleurs, nous aurions été servis... Il y avait, par exemple, des bouchons bordeaux et le débat a été très animé pour savoir s'ils étaient rouges ou marrons ; le terme « bordeaux » a été introduit et repris avec bonheur par les enfants heureux de connaître un mot nouveau. Certains bouchons posent de vrais cas de conscience... : « Celui-là (bleu-turquoise), il est quand même un petit peu vert... ». Il faut donc prendre la décision, avec les enfants, de savoir si ce bouchon « un petit peu vert » doit être conservé parmi les verts ou écarté. Il nous semble que ces « ambiguïtés » ne doivent pas être éliminées car c'est bien la complexité de la situation qui fait progresser les enfants à la fois dans leur questionnement et dans le traitement des informations qu'ils reçoivent.

De nombreuses études[7] ont montré combien le traitement des informations négatives pouvait être difficile à acquérir. Il nous semble cependant que ce jeu de portrait permet un traitement de l'information différencié : certains enfants comprennent très vite l'intérêt de séparer les éléments qui ne conviennent pas alors que d'autres vont le faire très progressivement. Bien sûr, à ce niveau, rien n'est imposé.

6. Procédure du « focusing ».

7. En particulier : Bruno Lecoutre, *Recherche et traitement de l'information dans la découverte d'une règle*, Monographie n° 38, CNRS et Anh Nguyen-Xuan - Roger Castell, *Inférence transitive, inférence du complément et recodage chez les enfants de 8 ans*, Année Psychologique, 2/77.

Atelier dirigé de 4 à 6 enfants

Activité 3 Changement de rôles

Un enfant est meneur et l'enseignant joue avec 5 autres enfants.

Ce **changement de rôles** permet aux enfants d'imaginer de nouvelles questions à partir de celles que pose l'enseignant : « Est-ce qu'il a 2 couleurs ? ».

La question qui doit se poser ici est : comment retenir les réponses du meneur ? L'enseignant ne cherche pas à montrer une procédure particulière, mais saisit toutes les ébauches de procédure (marquage ou dichotomie spatiale) pouvant faciliter la mémorisation des questions posées et de leurs réponses.

Atelier dirigé de 3 joueurs et 1 meneur

Activité 4 Avec un meneur

L'adulte ne joue pas.

Chaque joueur, à son tour, pose une question. Quand il a reçu une réponse, il est invité à changer la disposition des bouchons placés sur le plateau devant lui et à expliquer ce qu'il fait : « Je mets les rouges par là puisque tu as dit qu'il est rouge ». Toute question qui permet un tri de ce type donne droit à un ticket. C'est l'ensemble des autres joueurs qui décide de cette attribution.

A la fin de la partie, on valorise le nombre de tickets reçus par chaque joueur.

Pour favoriser l'implication de chacun, on peut aussi envisager que chaque joueur dispose de la collection de référence et effectue les tris comme il l'entend. Cela demande plus de matériel mais rend le jeu plus rapide.

Activité 5 Synthèse

Lorsque tous les enfants ont joué, l'enseignant reprend en grand groupe la liste des caractéristiques utilisées. Il peut également mettre en évidence **la procédure de dichotomie** si elle semble être comprise par la majorité des enfants.

Pour aller plus loin

Quelques critères d'évaluation ou d'identification de procédures.

On peut tenter de mesurer **les progrès** des enfants au niveau de :

- **La façon de poser les questions :**
  - sur le plan de la langue ;
  - sur le plan de la pertinence par rapport à l'état de la recherche de l'objet caché.
- **Le traitement de l'information :**
  - la capacité à mémoriser les réponses à ses propres questions ;
  - la capacité à mémoriser les réponses aux questions posées par les autres joueurs ;
  - la mise en œuvre d'un marquage des objets à retenir ou à éliminer ;
  - la prise en compte des informations précédentes.

Il nous semble important d'identifier les progrès et non l'état des compétences en pleine évolution.

Situation 8

MOYENNE SECTION

GRANDE SECTION

L'un ou l'autre

Cette situation[8] est proposée aux enfants qui ont déjà joué avec des cartes normales, comme par exemple dans la situation 7 « Les Réussites » du chapitre 3, qui est une initiation au jeu de cartes avec reconnaissance des ♠, des ♥ , des ♦, des ♣.

Atelier dirigé de 4 enfants

OBJECTIF

Comprendre la signification du « ou » inclusif.

MATÉRIEL

les 24 premières cartes (de 1 à 6) d'un jeu de cartes ordinaire, ainsi que les 2 jokers

ACTIVITÉ 1 Le train des cartes

BUT À ATTEINDRE : *Ne plus avoir de cartes dans son jeu.*

C'est une étape de sensibilisation à la notion de **choix restreint** qui doit être bien comprise pour jouer au jeu « l'un ou l'autre » : plusieurs cartes conviennent mais pas toutes !

Pour présenter l'activité, l'enseignant étale devant lui (très près de lui) 6 ou 7 cartes, puis en place une (par exemple le 3 de pique) vers le milieu de la table : « Je peux placer une carte à côté du 3 de pique si c'est une carte de pique ou si c'est un 3 ; quelle carte de mon jeu convient ? »

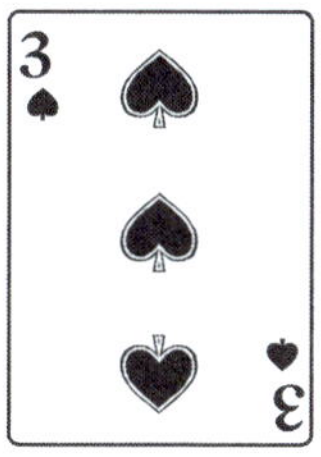

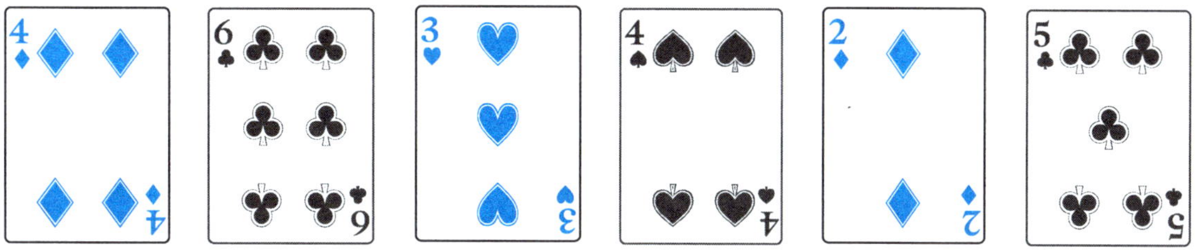

Les enfants sont invités à choisir une carte parmi celles qui sont étalées devant l'enseignant. Si elle convient, l'enseignant insiste : « Oui, je peux placer le 4 de pique parce que c'est du pique comme la première carte ». Puis on cherche une carte qui puisse aller avant la première ou après la dernière, etc.

8. Cette situation aurait également sa place dans le chapitre « Des quantités aux nombres » car elle permet de travailler les objectifs communs à ces deux chapitres.

Quand chaque enfant a été capable de placer une carte convenablement, la constitution des « trains » individuels peut commencer. L'enseignant partage les cartes entre les 3 joueurs et chaque joueur va construire son propre « train », sans s'occuper des autres. L'enseignant encourage chacun, redit la consigne mais ne corrige pas. Quand les trois trains sont constitués, il s'agit de vérifier si chaque carte est bien à sa place.

Activité 2 Jeu « l'un ou l'autre » sans joker

Les enfants jouent avec leurs cartes étalées face visible devant eux de manière à ce que l'enseignant ou un camarade puisse les aider à trouver une carte qui convient.

Règle du jeu « l'un ou l'autre »

- En début de partie chaque joueur reçoit 4 cartes, le reste constituant la pioche.
- Pour commencer à jouer, on tire la première carte de la pioche et cette carte est posée face visible au milieu du tapis.
- Le premier joueur peut alors poser une de ses cartes **sur** la carte visible à condition qu'elle soit de la **même forme**[9] (pique, cœur, carreau ou trèfle) **ou** de la **même valeur** ; s'il ne possède pas une carte pouvant convenir, le joueur prend une carte dans la pioche et peut la poser immédiatement si elle convient. Sinon, il garde la carte tirée et passe son tour.
- Dès qu'un joueur n'a plus qu'une carte dans son jeu, il dit **« Une »** pour avertir qu'il peut finir au prochain tour. Si un joueur qui n'a plus qu'une carte a oublié de dire « Une » et si un camarade s'en aperçoit, le joueur ne peut jouer sa dernière carte et doit attendre le prochain tour.

Activité 3 Les jokers viennent au secours des blocages

Cette fois-ci, la règle complète est utilisée avec les 2 jokers.

Ajout de la règle avec les jokers :

- Un joueur qui possède un **joker** peut l'utiliser en lui donnant une forme et une valeur compatibles avec l'état du jeu. Par exemple, si la carte visible est le 3 de pique, le joueur qui pose un joker peut annoncer « 3 de carreau », « 3 de trèfle » ou « 3 de cœur » ou n'importe quelle carte de pique. Une carte joker ne peut être utilisée en dernière carte.

Activité 4 Synthèse

En fin de partie, l'enseignant fait expliciter ce que les enfants ont compris de l'expression « on peut mettre une carte qui a **la même valeur ou la même forme** ».

Ces activités sont reprises successivement avec tous les enfants. Progressivement, parce que les enfants qui n'ont pas encore joué ont observé leurs camarades, la première activité devient inutile. L'enseignant peut également demander à un enfant qui connaît maintenant le jeu de rejouer pour faciliter l'appropriation de ce jeu dans un nouveau groupe.

Le jeu peut ensuite être utilisé en autonomie.

9. Dans ce jeu, il est préférable de parler de « forme » plutôt que de « couleur » pour désigner les quatre catégories de cartes.

Les enfants de moyenne section ne construisent pas de stratégies pour gagner : ils ne choisissent pas leur carte en vue de bloquer leurs adversaires, ce que le fait de jouer avec toutes les cartes étalées face visible permettrait. Notre objectif étant de leur faire comprendre la possibilité de choisir selon certains critères, nous n'avons pas poussé le jeu vers la stratégie, comme nous le faisons en GS.

Activités de différenciation :

Les situations d'accompagnement doivent être utilisées de façon différenciée. Elles sont destinées à aider certains enfants à prendre conscience des critères utilisables et des procédures de tri.

Pour ces situations, on utilise un ensemble d'une douzaine de bouchons (différents de ceux de la situation 2) en **4 exemplaires.** L'idéal est d'aimanter ces bouchons (il existe des rubans aimantés qui se découpent aux ciseaux) et d'utiliser des ardoises en métal comme grilles.

Travail individuel et autonome

1. Refaire la même carte

L'enseignant colle 9 bouchons sur une carte quadrillée (3 x 3) et donne à l'enfant une carte identique mais vierge et une corbeille contenant les 9 mêmes bouchons **et quelques autres.** L'enfant doit poser sur sa carte les bons bouchons à la même place que sur la carte de référence.

Atelier dirigé de 3 enfants

2. Jeu de loto : « Je vois et je reconnais »

Même matériel, mais l'enseignant a fabriqué 3 cartes vierges et 3 cartes avec les bouchons collés (cartes de référence), différentes entre elles, mais pouvant contenir le même bouchon à des places différentes. Chacun des 3 enfants dispose devant lui une carte référence et une carte vierge. L'enseignant sort d'un sac un bouchon identique à

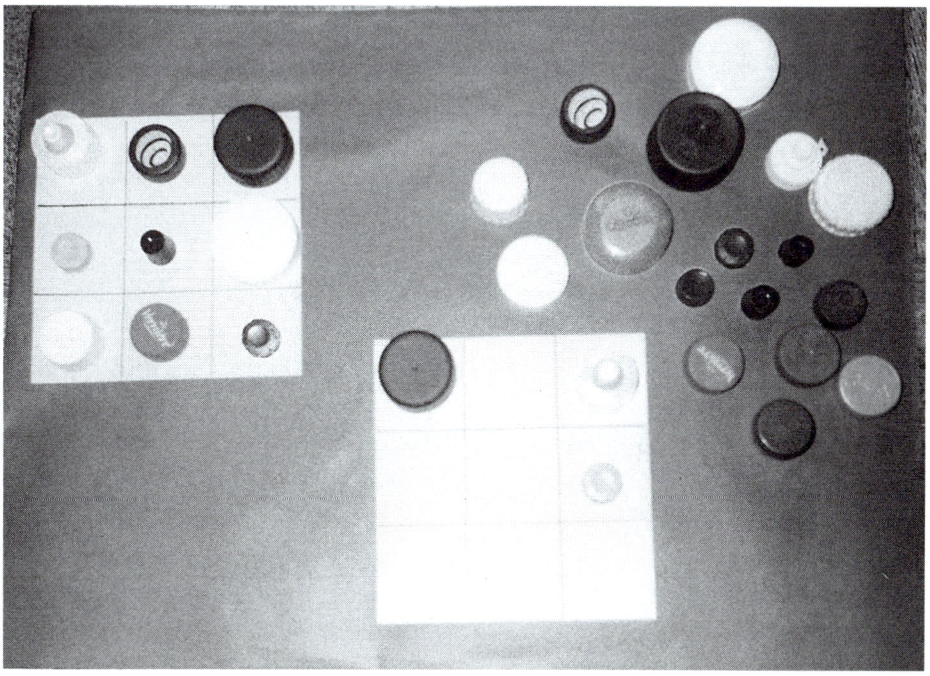

un des bouchons des trois cartes de référence. Comme dans tout jeu de loto, le premier enfant qui reconnaît un bouchon de sa carte de référence le réclame en le montrant sur sa carte de référence et le pose sur sa carte vierge à la même place. Le premier enfant qui a rempli toute sa carte a gagné.

Après quelques parties, c'est un enfant qui devient le meneur.

Atelier dirigé de 3 enfants

3. Jeu de loto : « J'entends et je reconnais »

Le jeu est identique mais l'enseignant ne montre pas le bouchon qu'il a sorti ; il le **décrit** et les enfants doivent le reconnaître à partir de cette description.

On travaille alors sur les **désignations des critères de tri** et pas seulement sur leur reconnaissance visuelle et globale. Dans cette étape, l'enseignant est le meneur.

Annexes :
Jeux et matériels

- **Les Barbouilleurs :** 8 familles d'animaux habillés de 5 couleurs. Le jeu consiste à poser une de ses cartes sur une carte repère, à condition que la carte posée ait une caractéristique commune avec la carte repère : le même animal ou la même couleur.

- **Jeu des 7 familles**

CHAPITRE 5

Les grandeurs et leurs mesures

Plus grand, plus petit...

« Tout se réduit à revenir des sens à la réflexion et de la réflexion aux sens : rentrer en soi et en sortir sans cesse. »
Diderot

« A l'école maternelle, il s'agit de donner du sens aux nombres par leur utilisation dans la résolution de problèmes articulés avec des jeux, situations vécues, mimées ou racontées oralement. Ces problèmes sont choisis pour que les nombres y apparaissent comme des outils efficaces pour :

- Comparer des quantités, les mémoriser [...]
- Comparer certaines dimensions des objets en utilisant un objet intermédiaire... »

Instructions Officielles 2002

Les quatre premières situations sont davantage destinées aux PS ; les situations 4 à 8 sont proposées en tant que **problèmes** nécessitant la comparaison des grandeurs.

Ce chapitre aborde le thème des grandeurs (continues[1] ou non) et des comparaisons possibles de ces grandeurs, ***avec ou sans les nombres.***

Une des difficultés du travail sur les grandeurs est la ***désignation des objets*** *qui ne se différencient* ***que par leur taille relative.***

Quand il y a trois éléments, les enfants parlent facilement du « petit », du « moyen » et du « grand ». Quand il y en a cinq, on peut encore ajouter : le « tout-petit » et le « très grand ».

Au-delà, la désignation qui ne s'appuie que sur la taille est vraiment difficile, mais nous pensons que cette difficulté peut constituer un moyen de faire sentir que les qualificatifs « petit » et « grand » ne permettent pas, en général, une désignation sans ambiguïté d'un objet. Il est important que les enfants différencient progressivement ces qualificatifs des expressions telles que « plus petit que » et « plus grand que » qui permettent de comparer deux éléments et non de qualifier un seul objet.

1. Les longueurs, les masses sont des grandeurs « continues ».

Situation 1

Petite Section

Les trois ours

Objectif

- Prendre en compte les valeurs de trois variables dans une situation de commande : la nature d'un vêtement, sa couleur et sa taille.

Mots et expressions spécifiques

Couleur : rouge, bleu, vert
Nature du vêtement : le pull, le pantalon
Taille : grand, moyen, petit (et non : le papa, la maman, le petit)

En grand groupe avec toute la classe

Activité 1 Lecture du conte de « Boucle d'Or et les trois ours »[2]

Cette lecture peut se faire en grand groupe et être reprise avec certains petits groupes si nécessaire. Introduction du vocabulaire : grand, moyen, petit.

Pour certains enfants, le conte est bien connu et l'identification des ours par leur taille est déjà opératoire. Par contre, pour d'autres, surtout en PS, c'est souvent la première fois que la notion de « moyen » est abordée. Il faut donc bien prendre le temps de s'assurer de la distinction de la taille des trois ours.

En parallèle, les enfants ont pu jouer librement avec un jeu d'encastrement[3] dans lequel le papa ours, la maman ours et le bébé ours ont non seulement **des tailles différentes** mais aussi des **formes différentes,** ce qui induit fortement la recherche des habits adaptés à chacun : la manipulation de ce matériel, avant l'entrée dans la situation à contraintes, est utile pour certains enfants.

2. Il existe de nombreuses versions de ce conte que nous signalons en fin de chapitre. Nous avons observé, dans toutes les classes où nous l'avons utilisé, que ce conte, qui peut nous paraître banal à nous, adultes, garde tout son intérêt pour l'ensemble des enfants.

3. « Le puzzle des ours » est distribué par La Redoute, 12,04 euros.

Atelier dirigé de 4 enfants dont l'un jouera le rôle de marchand

Activité 2 Copier un modèle

Objectif

- Prendre en compte la valeur de trois critères : la nature, la couleur, la taille d'un vêtement.

Matériel

- **le jeu « 1, 2, 3... Ploum », Nathan**

Ce jeu, présenté dans une mallette, est constitué de :

- 4 plaques d'encastrement avec pour chacune le gabarit de 3 ours de tailles différentes
- une réserve de 9 têtes d'ours (3 de chaque taille)
- une réserve de 9 pulls et 9 pantalons de couleurs et de tailles différentes (rouge, vert, bleu / petit, moyen, grand)
- 12 modèles des 3 ours habillés de façons différentes

- **des habits supplémentaires** à photocopier et découper → *fiches matériel 21 et 22*

La réserve des habits du jeu est insuffisante pour faire travailler ensemble plusieurs enfants avec les contraintes proposées dans les activités suivantes, d'où la nécessité de fournir des habits supplémentaires.
Le matériel de ce jeu est cependant indispensable car seul **l'encastrement valide la commande** (l'habit entre ou non dans l'encastrement) alors que, sur une plaque dessinée, si l'habit « dépasse » un peu le contour de l'ours, ce n'est pas « grave » pour l'enfant et le choix de la taille n'est donc pas unique.

Étape 1 Appropriation du matériel

But à atteindre : *Sélectionner soi-même les habits des trois ours correspondant au modèle fourni.*

Les habits sont placés au milieu de la table, en vrac, à **disposition directe** des enfants.

Chaque enfant reçoit un modèle des trois ours habillés et une plaque-encastrement.

Sa première tâche est de placer les trois têtes des ours. Il pose ensuite sur sa plaque-encastrement des habits identiques à ceux du modèle du point de vue de la taille, de la nature et de la couleur du vêtement.

3 joueurs et 1 « bon » marchand afin de minimiser les erreurs

ÉTAPE 2 Commander à un « marchand » les habits nécessaires

BUT À ATTEINDRE : *Commander avec précision les habits des trois ours correspondant au modèle fourni.*

Lors des premières parties, l'enseignant joue le rôle du marchand de manière à faire comprendre aux futurs marchands ce qu'ils peuvent dire ou faire.

L'enfant-marchand est d'abord invité à ranger les habits devant lui, comme il l'entend, « pour pouvoir les retrouver rapidement ». Il ne voit pas les plaques des autres joueurs, de manière à ne pas interférer avec leurs commandes : il doit fournir **ce qui lui est demandé et non ce qu'il croit pertinent.**

Comme dans l'étape précédente, chaque joueur reçoit un modèle qui comprend les trois ours habillés et une plaque d'encastrement vide à recouvrir à l'identique.

Chacun à leur tour, les joueurs demandent au marchand un seul habit défini par les trois critères. Par exemple : « le rouge » ou « je voudrais le pull rouge et aussi le petit » ou « Je voudrais le pantalon vert pour le moyen ours ».

La formulation de cette commande s'avère très difficile en début de PS pour certains enfants. Lors des premières parties, le maître est souvent amené à aider les enfants et à en dire plus que prévu. Ceci nous a semblé inévitable au départ, mais ce qui importe c'est la progression dans la précision du langage au cours des parties successives.

Le marchand satisfait à la commande, même si elle ne correspond pas au modèle. Si la commande est incomplète (par exemple : « Je voudrais le rouge »), le marchand l'indique par une phrase du type : « T'as pas tout dit » ou encore « Je peux rien te donner car il manque quelque chose » et non « tu m'as pas dit la couleur ». Quand chaque enfant a rempli sa plaque, les réalisations sont analysées en présence de l'enseignant.

Lorsque l'enseignant est le marchand, il reprend les paroles des enfants et les reformule si nécessaire. Par exemple à l'enfant qui lui a demandé : « Je voudrais le pull rouge et aussi le petit », il dit : « Tu veux le petit pull rouge ? ».

Après quelques parties en atelier dirigé, où l'enseignant joue le rôle de marchand, la présence du maître n'est ensuite indispensable que pour la validation. Il ne faut cependant pas minimiser les difficultés que représente l'usage d'expressions pertinentes pour de jeunes enfants : les marchands, même bien choisis, ne sont guère capables de les utiliser eux-mêmes.

3 enfants et 1 marchand

ACTIVITÉ 3 Habiller les 3 ours selon certaines contraintes, sans modèle

Cette activité permet aux enfants de distinguer le rôle joué par les différents critères : par exemple, même si les couleurs ne changent pas, la taille des habits varie d'un ours à l'autre. La mise en œuvre est identique à la précédente. Pour chaque étape, chaque enfant reçoit un encastrement vide.

Ici, le marchand pourra, au contraire de l'activité précédente, être choisi pour ses difficultés à désigner avec précision les trois critères des habits attendus : en entendant ses camarades les « dire », il aura l'occasion soit de comprendre ce qui manque pour que la commande soit complète, soit de s'approprier des expressions qu'il ne maîtrisait pas. S'il se trompe, ses camarades n'accepteront pas ses erreurs puisqu'ils savent bien ce qu'ils veulent obtenir.

ÉTAPE 1 Habiller les 3 ours avec des habits de la même couleur

BUT À ATTEINDRE : *« Tu choisis d'habiller le grand ours comme tu veux ; ensuite les deux autres ours doivent être habillés exactement comme le grand ours. »*

ÉTAPE 2 Habiller les 3 ours de manière à ce qu'ils ne portent aucun habit de la même couleur

BUT À ATTEINDRE : *« Tu habilles d'abord le petit ours comme tu veux ; ensuite tu habilles le moyen ours et le grand ours avec des habits complètement différents : les trois ours n'ont pas de pull de la même couleur et ils n'ont pas de pantalon de la même couleur. »*

PROLONGEMENTS POSSIBLES SUR CE THÈME :

Les ours-pantins

OBJECTIF

- Réinvestissement des notions de grand, moyen et petit.

MATÉRIEL

- les éléments (bras et jambes, gauches et droits, tronc et tête) nécessaires à la construction en trois tailles bien différenciées
- des boutons pour le nez et les yeux et autres éléments de décoration indépendants de la taille
- des attaches parisiennes pour monter les pantins

BUT À ATTEINDRE : *Construire son propre pantin avec tous les éléments correspondant à la taille choisie.*

Les éléments sont placés sur des plateaux, classés soit par tailles (tout ce qui est nécessaire à la réalisation du grand ours, par exemple sur le même plateau), soit par forme (tous les troncs sur un même plateau, quelle que soit la taille), en fonction des capacités ou de l'âge des enfants.

Chaque enfant **choisit** la taille de l'ours-pantin qu'il veut réaliser et l'enseignant inscrit ce choix dans un tableau à double entrée visible des enfants et bien compréhensible. **Sa réalisation doit alors correspondre à ce choix.**

Les enfants placent dans une enveloppe tous les éléments nécessaires à la réalisation de leur pantin. La validation se fait avec l'enseignant au moment où celui-ci monte le pantin à l'aide des attaches parisiennes : « Regarde ! Tu as mis le bras gauche, mais où est l'autre bras ? ». Etc.

Les enseignants peuvent organiser cette activité avec plus ou moins d'exigence sur le plan esthétique : faire peindre les éléments ou les fournir déjà peints, ajouter des éléments à coller tels que : intérieurs des oreilles, dessus des pattes, etc.

Tous les pantins sont affichés dans la classe. Avant d'emporter chez eux leur pantin, les enfants sont invités à décrire « leur » ours-pantin…

Situation 2

PETITE SECTION ET MOYENNE SECTION

La toise

OBJECTIFS

Amener les enfants à prendre progressivement[4] conscience de quelques propriétés concernant les tailles de personnes ou d'objets :

- Dans une suite ordonnée :
  - la place d'un objet est unique *(activité 2)* ;
  - tous les objets qui précèdent un élément déterminé sont plus petits (ou plus grands) que lui et tous ceux qui le suivent sont plus grands (ou plus petits) que lui *(activités 2 et 5)*.
- Un objet A de même forme qu'un objet B mais plus grand que B, placé devant B, le cache (au moins en partie) *(activité 2)*.
- Une taille, à une date donnée, peut se « mesurer » (même sans utiliser de nombres) et on peut conserver la trace de cette mesure *(activités 3 et 4)*.
- La taille des enfants évolue : on peut comparer des « mesures » prises à différents moments grâce aux traces conservées *(activité 6)*.

MATÉRIEL

- une grande feuille de papier plus longue que le plus grand des enfants de la classe (environ 130 cm en PS), ou plus grande que l'enseignant si celui-ci veut bien servir de repère « qui ne grandit plus ». Cette feuille est graduée de 10 cm en 10 cm avec des petits traits horizontaux (mais pas de nombre)
- une grande équerre
- des baguettes de bois ou de carton aussi longues que les enfants, une baguette par enfant et une pour l'enseignant (fin tasseau, tourillon, tuteurs de jardin...)
- des étiquettes avec les prénoms des enfants

MOTS ET EXPRESSIONS SPÉCIFIQUES

plus grand que, plus petit que, entre, devant, derrière
toise, mesure

4. La situation est proposée à la fois en PS et en MS, car on ne peut pas s'attendre à ce que les enfants fassent le tour de toutes ces propriétés la première fois qu'ils sont confrontés à ce problème de mesurage.

En grand groupe avec toute la classe

Activité 1 Lecture du livre « l'Arbre de Jacob »

On peut introduire la situation par la lecture du livre de Holly Keller, Kaléidoscope, 2001.

Après cette lecture faite en classe ou en grand groupe, l'enseignant ajoute : « Nous aussi, nous allons chercher comment faire pour observer comment on grandit... »

L'activité se déroule en grand groupe, dans la salle de motricité, puis dans la classe, sur plusieurs jours

Activité 2 Ranger les enfants de la classe en fonction de leur taille

Étape 1 A la bonne place

Dans cette étape, les enfants, qui se veulent tous « grands » au sens qu'ils ont effectivement assez « grandi » pour être à l'école ou pour être maintenant en MS, vont devoir accepter la **relativité** de cette notion. L'aspect psychologique de la situation doit être pris en compte par l'enseignant de manière à ne blesser aucun enfant. Nous savons que les questions de taille peuvent être délicates, en particulier pour des enfants qui sont ou se trouvent « trop petits » ou « trop grands ». Ces activités demandent donc beaucoup de délicatesse.

Dans la salle de motricité, trois enfants sont placés par l'enseignant le long d'un mur, du plus petit au plus grand. L'enseignant les positionne de manière à ce qu'il reste de la place entre eux, ainsi qu'avant le plus petit et après le plus grand, mais **il n'indique pas** aux enfants la façon dont il a choisi de les placer. Les autres enfants sont en face et observent.

L'enseignant appelle alors un enfant, Yasmine par exemple, et lui demande de mettre « à la bonne place » Léa, en précisant que tous ceux qui seront « plus près de la porte » (par exemple) devront être **plus petits que Léa** et tous ceux qui seront du côté de la fenêtre seront **plus grands que Léa**. Les observateurs corrigent si besoin est. C'est ensuite au tour d'un autre enfant de placer Yasmine et ainsi de suite.

Si deux enfants ont la même taille (ce qui est fréquent), l'enseignant leur demande de se mettre l'un derrière l'autre, à leur choix. Si les deux enfants ne parviennent pas à se mettre d'accord, l'enseignant prend la décision de les placer, en dédramatisant l'ordre choisi.

L'activité est rapidement menée et tous les enfants se trouvent ainsi rangés du plus petit au plus grand. L'enseignant demande à chaque enfant de se souvenir de celui qui le précède et de celui qui le suit « pour pouvoir se remettre vite à la même place la prochaine fois ».

On prend une photo si c'est possible.

De retour dans la classe, l'enseignant reproduit la file à l'aide des étiquettes-prénoms, chaque enfant étant invité à poser son étiquette sur le bord du tableau ou le long du mur, en commençant par celle du plus petit ou celle du plus grand. L'enseignant indique à la classe qu'il va recopier cette file sur une longue feuille « pour ne pas oublier ».

A la fin de cette activité, la classe dispose donc d'une représentation symbolique, plus ou moins parlante pour les enfants : **la liste des prénoms et/ou une photo.**

La question de l'unicité de la solution obtenue (chacun n'a qu'une place possible dans la file) peut être posée si l'attention des enfants le permet encore et si l'enseignant le juge possible : « Est-ce que Nicolas aurait pu se mettre à une autre place ? Par exemple entre Kevin et Lucas ? ».

ÉTAPE 2 Le train

Le lendemain, ou quelques jours plus tard, **en salle de motricité**, l'enseignant demande aux enfants de se placer « comme hier » (ou comme lundi...). L'enseignant valide également ce rangement à l'aide de la liste établie la veille qu'il lit ostensiblement, ce qui permet aux enfants de prendre conscience, dans un nouveau cadre, de l'importance de l'écrit et, en particulier, des listes.

L'enseignant demande alors aux enfants de se tourner « vers la porte », de manière à faire un « train » du plus petit au plus grand. Si possible, une photo est prise à nouveau. Des commentaires sont provoqués : « Qui est plus grand que Noémie ? Qui est plus petit que Suzanne ? ». Ici l'enseignant insiste sur le fait que plusieurs enfants sont « plus grands que Noémie » et qu'il n'y a pas que celui ou celle qui est juste derrière elle.

Un enfant est alors invité à sortir du groupe pour se placer face au train (face à l'enfant le plus petit) et à nommer les enfants qu'il voit *(presque tous, et non pas tous, du fait des enfants de même taille)*.

Puis l'enseignant demande aux enfants de se retourner « vers la fenêtre », de manière à ce que le plus grand soit le premier. L'enfant chargé d'observer vient se placer face au train inversé (face au plus grand) et doit dire qui il voit *(un seul enfant !)*. L'enfant observateur regagne sa place et l'activité est reprise successivement (le jour même ou le lendemain) avec d'autres enfants invités à faire les mêmes constats.

L'enseignant met en évidence avec les enfants que, d'un côté, on voit presque tous les enfants parce que **un petit ne cache pas complètement un plus grand**, mais que, de l'autre côté, on ne voit qu'un enfant parce que **le plus grand cache tous les autres**.

Ces propriétés seront à nouveau utilisées, sans être d'abord énoncées par l'enseignant, dans la situation 8 « Les Tours » décrite à la fin de ce chapitre. Il n'est pas question, ni ici ni ailleurs, d'en faire un « enseignement » systématique.

Début et fin en grand groupe : le mesurage de chaque enfant peut se faire à différents moments.

ACTIVITÉ 3 Garder la trace (comme dans l'Arbre de Jacob)

L'enseignant place contre un mur de la classe une grande feuille marquée d'un trait vertical gradué de 10 cm en 10 cm. La taille de chaque enfant est repérée par un trait au bord duquel on place son étiquette-prénom (ou encore le prénom est écrit directement sur la feuille). L'enseignant commente ses actions : « Je place un livre (ou une équerre ou tout autre objet adapté) bien à plat sur ta tête, je fais un trait... ».

Rien n'est dit des graduations de dix en dix centimètres, tant qu'aucun enfant ne pose des questions à leur sujet. Si la question est posée, l'enseignant indique seulement que cela l'aide à mieux voir la taille de chacun. Ces graduations seront explicitées en GS.

Il arrive que certains enfants disent qu'ils mesurent « un mètre dix », par exemple. Cette mesure est alors prise en compte et l'enseignant inscrit sur la feuille les nombres correspondant aux traits placés de 10 cm en 10 cm. Dans d'autres classes, cette graduation avec les nombres n'est jamais apparue et aucun enfant ne s'est interrogé sur le pourquoi de la présence de ces traits.

Le lendemain, au moment du regroupement, un enfant, Demba, est invité à reprendre place devant la feuille et un autre enfant vérifie que le trait et le prénom de Demba sont effectivement bien placés. Ce moment doit faire prendre conscience à tous les enfants que la feuille collective contient une information correspondant à la taille de chacun : elle est une **mémoire** : « Sur cette feuille sont indiquées vos (ou nos) tailles **aujourd'hui** ». La date est inscrite sur la feuille devant les enfants. L'enseignant indique qu'il a utilisé une **« toise »**.

En pratique, les enfants ayant des tailles très voisines, la dispersion des traits est faible et il n'est pas toujours facile de bien les repérer : il est important que chaque enfant puisse bien retrouver le trait qui lui correspond, même s'il ne peut identifier les autres.

L'enseignant peut également, s'il le souhaite, demander à un enfant de le mesurer aussi. Si le recours à un tabouret ou à tout autre objet ne permet pas à l'enfant d'être assez grand pour mesurer l'enseignant en toute sécurité, on fait appel à un autre adulte.

L'enseignant conclut cette activité en précisant que chaque enfant sera de nouveau mesuré « à la fin de l'année » (ou à tout autre moment évoquant un avenir pas trop éloigné) et il demande s'il est possible de prévoir ce qui se passera alors. Il note les remarques des enfants.

Activité en grand groupe, dans la classe, sur plusieurs jours

Activité 4 La baguette symbolique

A partir des relevés de la feuille collective, l'enseignant découpe une baguette de la taille de chaque enfant. Il marque chaque baguette à l'aide d'un codage très peu visible et qu'il ne dévoile pas (il n'écrit pas les prénoms, par exemple) afin de savoir rapidement quelle baguette correspond à chaque enfant.

La correspondance entre la mesure portée sur la feuille collective et le découpage des baguettes est indiquée aux enfants : « J'ai découpé une baguette qui correspond à la taille de chacun de vous en me servant de la grande feuille sur laquelle j'avais inscrit votre taille. La feuille était pratique puisque **vous n'étiez pas là**. Chacun va essayer de trouver la baguette qui a la même taille que lui et il collera son prénom ».

L'enseignant prend alors une baguette : « A qui correspond cette baguette ? » ou « Qui a la même taille que cette baguette ? ». Un enfant, qui a cru reconnaître que la baguette lui correspond, vient la chercher. A la question de l'enseignant « Comment peux-tu être sûr que c'est bien la bonne baguette ? », plusieurs procédures sont acceptées :

- *mesure directe :* l'enfant se place à côté de la baguette et demande aux autres si la baguette convient (les risques d'erreurs sont alors mis en évidence par les autres enfants ou par l'enseignant) ;
- *mesure intermédiaire :* l'enfant va placer la baguette contre la feuille mémoire et peut ainsi valider lui-même.

Chaque enfant reçoit « sa » baguette et y colle son prénom. Les baguettes sont rangées ensuite en tas dans un récipient du type porte-parapluies.

Il est indispensable de fournir une baguette par enfant même si certains enfants ont la même taille et des baguettes de même longueur.

En grand groupe, quelques minutes pendant plusieurs jours

Activité 5 Activité rituelle

Plusieurs matins de suite, l'enseignant prend une des baguettes au moment du regroupement, lit le prénom correspondant, Alexandre par exemple, puis place la baguette et l'enfant l'un à côté de l'autre et demande à quelques enfants d'aller chercher leur baguette : « Aujourd'hui, ce sera trois enfants plus grands qu'Alexandre ». Ils placent leurs baguettes à côté de celle d'Alexandre et on commente.

Un autre jour, ce sont « deux enfants plus petits que Léonie » ; un troisième jour l'enseignant fait venir deux enfants avec leurs baguettes et demande « Quels sont ceux qui sont entre Laura et Paul ?... ».

Bien sûr, ce type d'activité pourrait se faire avec les enfants eux-mêmes. Mais les baguettes permettent à chaque enfant d'être « extérieurs », de tout voir – on pourrait même dire de « se » voir – par l'intermédiaire d'un objet qui le « représente ».

Activité 6 Nouvelles mesures

A la fin de l'année, l'enseignant reprend le rangement des enfants en fonction de la taille comme on l'avait fait au cours de l'activité 3, sur une nouvelle feuille, et chaque enfant vient avec sa baguette. L'enseignant relit les notes prises auparavant et demande aux enfants s'ils avaient bien **prévu** ce qui allait se passer. On regarde également si la liste est encore la bonne : « Est-ce qu'il y a des enfants qui ont changé de place ? ». L'enseignant fait une nouvelle liste datée si des changements le nécessitent.

Constat : « On a tous grandi, comme Jacob ! ». L'enseignant : « Et moi, est-ce que j'ai aussi grandi ? » ...

L'idéal serait de « faire passer » les feuilles mémoires et la collection de baguettes dans la classe supérieure et de prolonger cette activité sur trois années.

Situation 3

MOYENNE SECTION

Les poupées

En changeant la taille de l'espace et celle des objets qui s'y trouvent, cette situation va permettre de passer de la réalité où les objets ont leur grandeur réelle à une situation d'apprentissage plus ciblée. A la différence de la situation 2 (La toise), tous les objets sont visibles d'un seul coup d'œil sur l'espace de la table devant laquelle se trouve l'enfant.

OBJECTIF

Cette situation vient après la situation 2, avec les mêmes objectifs.

MATÉRIEL

- 2 séries identiques de 6 à 8 gabarits de poupées, de même forme et de même couleur mais de tailles différentes (l'écart entre les tailles n'est que de 1,5 cm) → *fiches matériel 23 et 24*
- 2 séries de « lits » de poupées confectionnés à partir de fonds de boîtes ou de rectangles découpés exactement à la taille de chacune des poupées (il est important que la taille de ces rectangles ou boîtes soit visiblement adaptée à chaque poupée de manière à ce que la correspondance ne soit pas ambiguë)
- une boîte rectangulaire exactement à la taille de la plus grande poupée, pour l'activité 2

Atelier de 4 enfants (appelés ici Alice, Zaïneb, Hasna et Ludovic), chaque groupe de 2 utilisant un jeu de 6 ou 8 poupées

ACTIVITÉ 1 Coucher chaque poupée dans « son » lit

ÉTAPE 1 Les deux familles de poupées

BUT À ATTEINDRE : *Distinguer des tailles différentes dans un ensemble de tailles « proches ».*

L'enseignant étale toutes les poupées devant les 4 enfants :

« Alice et Zaïneb, vous allez prendre toutes les poupées qui n'ont pas la même taille. Les poupées qui resteront seront pour Hasna et Ludovic. »

Lorsque le premier ensemble de poupées de tailles différentes est constitué, l'enseignant demande à Hasna et Ludovic de vérifier que leurs poupées sont, elles aussi, toutes de tailles différentes. Puis, il revient sur la façon dont s'est constituée la famille d'Alice et Zaïneb : Ont-elles organisé leur recherche en rangeant par exemple les poupées ? ; Comment peut-on être sûr qu'il n'y a pas deux poupées de la même taille dans la famille d'Alice et de Zaïneb ?.

ÉTAPE 2 A chaque poupée son lit

BUT À ATTEINDRE : *Apparier des objets en fonction de leur taille.*

L'enseignant montre alors les fonds de boîtes ou rectangles découpés en les présentant comme étant les « lits » des poupées : « Chaque poupée a un lit bien à elle ; vous allez essayer de trouver quel lit convient à chaque poupée, en en prenant un seul à la fois. C'est Hasna et Ludovic qui commencent. Quel lit voulez-vous ? ».

Chacune à leur tour, les deux équipes prennent un lit. Si une équipe a pris deux lits de même taille, l'une des deux équipes se trouvera en difficulté et il faudra négocier un échange de lits.

Cette « erreur » permet de mettre en évidence **qu'une poupée peut toujours se coucher dans un lit trop grand pour elle mais que l'inverse n'est pas vrai.**

Lorsque chaque poupée a son lit, l'appariement est défait : l'enseignant reprend tous les lits et les deux équipes retrouvent chacune leur famille de poupées.

L'enseignant demande : « Quelles sont toutes les poupées qui peuvent être couchées dans ce lit (il montre un lit « moyen »), même si ce n'est pas leur lit ? ». Chaque équipe reçoit un lit différent et cherche les poupées qui peuvent être couchées dans ce lit.

« A votre avis, c'est le lit de quelle poupée ? »

« Est-ce qu'il y a un lit où toutes les poupées pourraient coucher ? »

« Est-ce qu'il y a un lit où une seule poupée peut coucher ? »

A la fin de cette activité, l'enseignant met en évidence avec les poupées le rôle joué par le plus grand lit et par le plus petit lit.

ACTIVITÉ 2 Ranger toutes les poupées dans la boîte

Deux contraintes de rangement sont proposées aux enfants successivement :

- **« Comment peut-on ranger toutes les poupées dans cette boîte de manière à ce qu'on ne voit qu'une poupée, que toutes les autres soient cachées ? »**

On met en évidence qu'il est possible de placer les poupées dans n'importe quel ordre, sauf la plus grande qui doit se trouver au-dessus.

- **« Comment peut-on ranger toutes les poupées dans cette boîte de manière à ce qu'on puisse voir combien il y a de poupées sans les déplacer ? »**

Seul le rangement de la plus grande (au fond) à la plus petite est une bonne solution.

Les douze boîtes gigognes

Objectif des 4 situations

- Prendre conscience que la sériation[5] peut être une bonne procédure de résolution de certains problèmes, sans que la sériation soit évoquée.

Matériel

12 boîtes gigognes, toutes de la même couleur

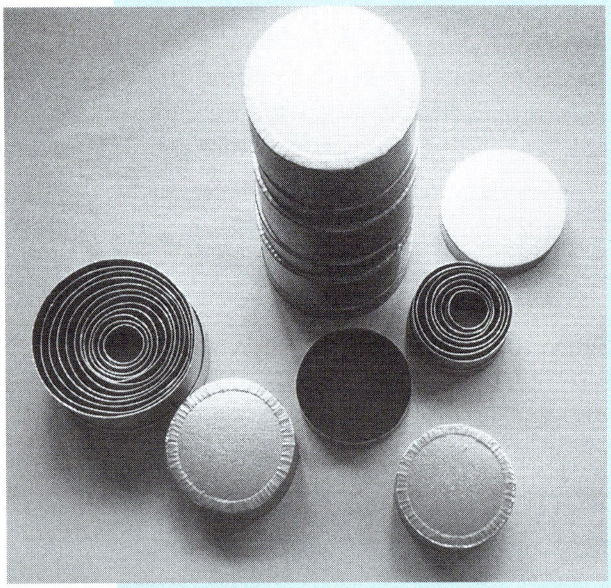

Ce matériel existe chez Ikea[6] sous **trois versions** : dans l'une les boîtes sont toutes dorées, dans la deuxième elles sont toutes argentées et dans la troisième elles sont de six couleurs différentes (avec des couleurs alternées régulièrement deux fois).

Les dimensions de ces boîtes cylindriques en carton sont identiques dans les trois versions (le diamètre extérieur va de 3,7 cm à 14,4 cm, ce qui montre combien elles sont « serrées »). Les couvercles sont parfaitement adaptés aux boîtes.

Il existe bien sûr de nombreux matériels analogues à celui qui est présenté ici. L'intérêt de ce dernier réside dans le fait qu'il y a « beaucoup » de boîtes et qu'elles sont semblables (à la taille près bien sûr).

Plusieurs situations peuvent être envisagées à l'aide de ce matériel : quatre seulement sont décrites ici. D'autres seront proposées en Grande Section.
Pour toutes ces situations, l'essentiel est de rendre accessible le but à atteindre et de veiller à ce que la prise en compte de la taille des boîtes soit indispensable à la résolution du problème.
La seule proposition inacceptable serait de demander de ranger les boîtes de la plus petite à la plus grande (ou l'inverse) : dans ce cas on donne à l'enfant une consigne d'action utilisant une procédure obligée au lieu de l'amener à construire cette procédure comme indispensable à la résolution.

La manière de présenter le matériel aux enfants a beaucoup d'importance. Nous précisons pour chaque situation cette présentation. Les boîtes rangées les unes dans les autres n'ont jamais été vues par les enfants avant la situation 4.

5. Les mots « classement », « rangement », « sériation », sont souvent employés les uns pour les autres. La sériation consiste à déterminer un premier, un deuxième, un troisième… jusqu'au dernier.

6. Elles sont vendues moins de 3€ la série de douze boîtes (décembre 2003).

Situation 4

PETITE SECTION

Des boîtes bien rangées

MATÉRIEL

- les 12 boîtes dorées ou argentées
- une valise[7] (30 cm sur 21 cm, h = 12 cm), **pour l'activité 1**
- une boîte en carton (23 cm sur 18 cm, h = 4 cm), **pour l'activité 2**

BUT À ATTEINDRE : *Mettre toutes les boîtes dans la valise (ou tous les couvercles dans le carton) et pouvoir la (le) fermer.*

Les dimensions de la valise et de la boîte en carton ont été choisies de manière à permettre un rangement approximatif mais tout de même assez contraignant : il n'est certes pas nécessaire de ranger les boîtes de la plus grande à la plus petite, mais il faut cependant qu'un grand nombre d'entre elles le soient. Plusieurs solutions sont ainsi possibles.

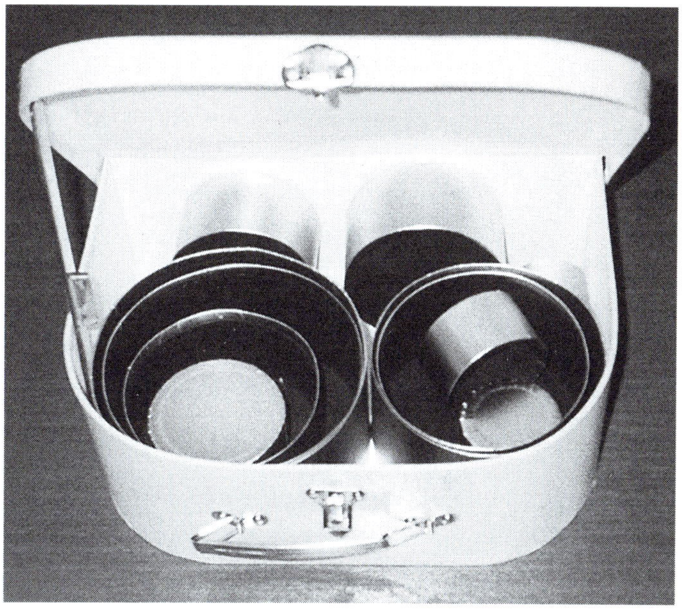

Atelier dirigé de 3 ou 4 élèves

ACTIVITÉ 1 Ranger les boîtes sans les couvercles dans la valise

L'enseignant présente aux 4 enfants toutes les boîtes en vrac. Les enfants observent ces boîtes, les touchent, les mélangent librement. L'enseignant va alors chercher la valise et demande de ranger toutes les boîtes dans la valise qui doit pouvoir fermer. Chaque enfant, **à son tour**, essaie de tout ranger dans la valise.

La situation est reprise quelques jours plus tard, avec les enfants qui n'ont pas réussi à fermer la valise...

Pour éviter la simple imitation, il est possible de proposer successivement des contenants de tailles différentes aux enfants d'un même groupe, les dimensions de ces contenants étant de plus en plus contraignantes.

7. On peut obtenir une « valise » aux bonnes dimensions en découpant un carton de ramettes de papier (format A4). La hauteur est ramenée à 12 cm.

En atelier dirigé quelques jours plus tard

ACTIVITÉ 2 Ranger les couvercles dans la boîte en carton

Cette situation est proposée aux 3 ou 4 élèves qui sont parvenus à trouver une solution au premier problème.

On passe de la valise à la boîte en carton et on remplace les boîtes par les couvercles. Ici tous les couvercles, sauf un ou deux, doivent être ordonnés et rangés les uns dans les autres pour que la boîte puisse fermer.

Travail individuel échelonné dans le temps

ACTIVITÉ 3 Problèmes de rangement individuels

La situation est reprise **individuellement** pour permettre à chaque enfant de résoudre seul le problème de rangement. Il est demandé à certains enfants de ranger les boîtes dans la valise, à d'autres de ranger les couvercles dans la boîte en carton, ce qui permet de tenir compte des difficultés rencontrées par les enfants dans la recherche en groupe.

De nouveaux contenants autres que la valise ou la boîte en carton peuvent être proposés de manière à éviter les imitations. Il faut alors en choisir les dimensions avec soin.

L'enseignant n'est pas nécessairement présent pendant la recherche de chaque enfant (il l'est toutefois avec ceux qui peuvent avoir besoin de lui, ne serait-ce que pour aller au bout de la tâche), mais il vérifie avec chaque enfant, à la fin de la recherche ou avec à un autre moment si nécessaire, le rangement effectué.

Travail individuel

ACTIVITÉ 4 Ranger toutes les boîtes dans la plus grande

Après quelques semaines, l'enseignant dispose toutes les boîtes sans les couvercles sur la table, tailles mélangées. Chaque élève doit ranger seul toutes les boîtes dans la plus grande.

Nous n'avons pas proposé ce rangement en situation d'apprentissage car elle nous semble très inductrice de la sériation. Elle permet un réinvestissement individuel.

Situation 5

Moyenne Section

La plus grande tour

Matériel

- 12 boîtes et leur couvercle présentés en vrac
- un fil de nylon tendu horizontalement devant un mur, à environ 1,50 m du sol
- des fils de couleurs assez rigides et des « poids » pour les lester
- des étiquettes avec les prénoms des enfants

But à atteindre : *Construire la plus grande tour possible.*

Mesurer les tours pour pouvoir les comparer : le choix d'une procédure

La comparaison des tours construites à l'aide des boîtes gigognes est particulièrement difficile pour des enfants de cet âge.
Une comparaison, très approximative, « à l'œil », suffit à presque tous les enfants et elle est effectivement possible quand les tours sont très différentes (de même que des enfants qui jouent à la bataille, peuvent très souvent comparer leurs cartes, sans dénombrer). Nous avons donc cherché des moyens d'affiner ces comparaisons lorsque l'approximation ne permettait pas de répondre à la question : « Quelle est la plus grande tour ? ».
Deux procédures pour mesurer les tours et pouvoir les comparer nous sont apparues particulièrement pertinentes.

1) Une procédure facile à mettre en œuvre avec l'utilisation de bâtons, comme dans la situation 2

Elle s'avère malheureusement délicate. Les enfants inclinent le bâton pour « suivre » le bord des tours et très approximativement font un trait sur le bâton au même niveau que le haut de la tour. Cette « pseudo-mesure » de chaque tour, qui ne correspond pas à sa hauteur, leur suffit et les comparaisons qui en découlent se révèlent finalement exactes !
L'utilisation de la toise par l'adulte, dans la situation 2, ne suffit pas à leur faire prendre conscience des problèmes techniques qui se posent et, en particulier, du fait que la toise doit être perpendiculaire à la feuille. En acceptant cette procédure, il existe donc un risque d'induire auprès des enfants une mauvaise image de la mesure. Mais cette procédure a toutefois **du sens** pour eux dans cette situation particulière, et elle permet de conclure. Acceptons-la comme une procédure locale, transitoire. Nous proposerons plus tard des situations qui la mettront en défaut, en particulier lorsque le concept de perpendicularité aura pris sens pour les élèves.
Nous n'avons pas décrit cette procédure que chacun peut facilement imaginer et mettre en œuvre.

2) Une procédure experte, que les élèves ne peuvent ni inventer, ni construire mais qu'ils peuvent accepter. Nous proposons ci-après la mise en œuvre d'une procédure assez complexe puisque nous avons recours au complément de la mesure cherchée.
Chaque enseignant pourra bien sûr rechercher à son tour des réponses plus satisfaisantes ou ingénieuses que celles que nous proposons !

Atelier autonome de 2 enfants sur plusieurs jours

Activité 1 Construire la plus grande tour possible

Les enfants travaillent sur une table à leur taille sous un fil de nylon tendu horizontalement, à une hauteur supérieure à la plus grande tour possible.

Les deux enfants disposent de toutes les boîtes et tous les couvercles (qui n'ont pas été associés) en vrac devant eux. Ils doivent construire la plus grande tour possible. Quand ils estiment qu'ils ont atteint ce but, ils demandent à l'enseignant de venir admirer leur travail. Celui-ci tend alors un fil de couleur, rigide, vertical, à partir du fil de nylon horizontal jusqu'au haut de la tour. Le prénom des bâtisseurs est collé sur ce fil. Ce fil, qui reste en place, sera la mémoire de la construction. Si c'est possible, on prend une photo, puis la tour est démolie.

Lors de cet échange, l'enseignant cherche à ce que les enfants argumentent : « c'est la plus grande tour possible parce que... ». Il ne **« corrige » pas**, ne dit pas si c'est effectivement la plus grande ou non, mais travaille avec les enfants les arguments fournis.

Les élèves viennent deux par deux relever le défi, selon le même dispositif. La présence du fil horizontal et des fils verticaux déjà en place pousse chaque équipe à chercher une tour toujours plus haute.

Comme nous l'avons indiqué plus haut, devant les difficultés de mesure de la hauteur de chaque tour, nous avons conçu ce dispositif qui ne mesure pas la hauteur d'une tour mais son complément par rapport au fil horizontal. La comparaison des hauteurs des tours se fait par celle des longueurs des fils mais la tour la plus haute correspond au fil le plus court ! C'est une difficulté bien acceptée « en actes » par les enfants.

Mise en commun avec toute la classe

Activité 2 Comparaison des fils des tours

Les enfants sont regroupés devant les tours et les fils rigides tendus verticalement. L'enseignant rappelle à quoi servent les fils. Il fait redire (ou rappelle) que les tours étaient « sous » les fils et il s'assure que les enfants sont bien convaincus **que le fil le plus court correspond à la plus grande tour**, ce qui est loin d'être évident ! Puis il questionne : « Quel groupe a obtenu la plus grande tour ? » ; « Comment ont-ils fait ? ».

Les deux enfants qui ont obtenu la plus grande tour sont invités à la construire à nouveau. Si une photo a été prise, elle pourra alors servir à valider leur construction.

Les enfants sont invités à mettre en évidence les caractéristiques de cette plus grande tour. Dans le cas optimum, on aura par exemple :

- on a mis toutes les boîtes et tous les couvercles ;
- on **voit** toutes les boîtes et tous les couvercles (amélioration du cas précédent) ;
- il y a toujours une boîte, un couvercle, une boîte, un couvercle... ;
- on a mis en bas le plus grand couvercle, après la plus grande boîte (ou la boîte qui va avec), après le plus grand couvercle qui reste, etc.

Si la plus grande tour effectivement construite n'est pas **la** plus grande possible, on ne verbalise que les propriétés réelles de la tour reconnue comme la plus haute de la classe. Mais la question « Est-ce qu'il est possible de faire encore mieux ? » pourra être posée. C'est le moment fondamental **d'une validation réfléchie**. « On les a tous mis et on les voit tous » garantit qu'on ne peut mieux faire... Sinon, un groupe peut encore essayer de battre le record de la plus grande tour possible.

Situation 6

MOYENNE SECTION

Les tours identiques

Cette situation est proposée aux enfants qui ont déjà été confrontés aux situations 4 ou 5, car elle demande d'avoir déjà une bonne connaissance des 12 boîtes.

MATÉRIEL

- 12 boîtes dorées avec leurs couvercles, pour l'équipe A
- 12 boîtes argentées avec leurs couvercles, pour l'équipe B

Jeu avec 2 équipes A et B de 2 élèves

MOTS ET EXPRESSIONS UTILISÉS

Identique

BUT À ATTEINDRE : *Reproduire un modèle en tenant compte de la taille de ses éléments constitutifs.*

L'équipe A reçoit sept (ou huit) boîtes dorées avec leurs couvercles, en vrac. L'enseignant conserve les boîtes restantes dans un carton fermé, hors de la vue des deux équipes. Cette équipe bâtit une tour en utilisant **tout ou partie** des éléments qui lui ont été fournis. L'enseignant insiste sur ce point : Les deux élèves ne sont pas obligés de tout utiliser ; ils mettront les éléments qui n'auront pas été utilisés dans un carton vide. Tous les éléments conservés devront être visibles sur leur tour.

L'enseignant leur indique alors qu'une autre équipe va ensuite construire une tour **identique** à la leur, à la couleur près.

Lorsque la construction est prête, l'équipe A va faire autre chose et l'enseignant demande à l'équipe B de venir observer la réalisation. Cette équipe reçoit alors **tous** les éléments argentés en vrac et est invitée à construire une tour B identique à la tour A. « **Identique**, cela veut dire que les mêmes éléments seront placés au même endroit. »

L'équipe A vient ensuite dire si elle est d'accord ou pas avec la construction de l'équipe B, en présence de l'enseignant, puis les rôles sont alors inversés.

L'activité demande beaucoup de rigueur car les éléments ont des mesures très voisines. Le fait de ne pouvoir nommer les boîtes rend la communication également difficile... C'est souvent la comparaison des boîtes qui restent (en plus petit nombre) qui permet de conclure.

Situation 7

Moyenne Section

A chaque boîte son couvercle

Objectif

Développer la capacité à conserver et organiser des informations portant sur la taille relative des éléments.

Matériel

- les 12 boîtes dorées ou argentées et leurs couvercles
- un écran vertical permettant de cacher les boîtes
- des jetons verts et rouges
- 5 « tickets » (ils servent à limiter le nombre d'essais)

Atelier dirigé de 4 enfants

Activité 1 Appropriation de la situation

But à atteindre : *Trouver le bon couvercle en voyant la boîte.*

Toutes les boîtes (ouverture vers le haut) et tous les couvercles sont posés en vrac, devant les 4 enfants. L'enseignant choisit une boîte et demande à un enfant de chercher le couvercle de cette boîte. Au premier couvercle qui ne convient pas, l'enseignant répond : « Non, tu vois, ton couvercle est trop grand (ou trop petit) ». Il rend alors le couvercle avec, **à l'intérieur**, un **jeton vert** si le couvercle proposé est trop grand ou un **jeton rouge** s'il est trop petit. L'enseignant veille à la bonne compréhension de l'utilisation de ces jetons.

Cette première étape se déroule très rapidement, les enfants faisant une très bonne estimation visuelle du couvercle adéquat.
L'information « couvercle trop grand » ou « trop petit » doit permettre aux enfants d'organiser les couvercles inadéquats. Cette information est accompagnée d'un jeton vert ou rouge pour les aider à mieux mémoriser et gérer cette information.

2 équipes de 2 enfants

Activité 2 Trouver le couvercle de la boîte cachée

But à atteindre : *Trouver le couvercle associé à une boîte en moins de cinq essais, sans voir la boîte.*

On peut décider de faire jouer un joueur contre un autre au lieu de faire jouer des équipes, ce qui est plus facile à mettre en place. L'avantage du jeu en équipe est d'amener les deux enfants de la même équipe à **décider ensemble** de ce qu'ils vont proposer et donc **à justifier** leur choix, même si les **arguments** sont « faibles »...

Les élèves se répartissent par équipes de deux, A et B. Dans cette première partie, l'équipe A dispose des boîtes, l'équipe B des couvercles en vrac. Les deux équipes sont séparées par un écran qui ne permet pas de voir les éléments de l'équipe adverse.

L'enseignant se place perpendiculairement à l'écran de manière à voir ce qui se passe des deux côtés.

L'équipe A, qui a d'abord le rôle de **« meneur »,** dispose également d'un petit plateau contenant les jetons verts et rouges. Elle choisit une boîte, **sans la montrer** à l'équipe B.

L'équipe B, elle, a le rôle de **« joueur »** et reçoit les 5 tickets.

Il faut souvent rappeler, au départ, que l'équipe A ne doit pas changer de boîte en cours de partie... Si les enfants ont du mal à bien conserver la même boîte, l'enseignant peut leur proposer de placer un petit carton au fond de la boîte retenue. Là encore, c'est l'enseignant qui prend à sa charge ce **marquage.**

Les joueurs de l'équipe B se mettent d'accord pour proposer un couvercle à l'équipe A qui peut l'essayer derrière l'écran. A chaque couvercle proposé, l'équipe B donne un de ses tickets. Si le couvercle ne convient pas, l'équipe A le rend en disant « il est trop petit » ou « il est trop grand » et en plaçant à **l'intérieur du couvercle** un jeton rouge dans le premier cas, un jeton vert dans le second.

Les couvercles, qui « voyagent » ainsi d'une équipe à l'autre, contiennent donc toujours un objet : un ticket à l'aller et un jeton rouge ou vert au retour. Il est important de bien faire mémoriser ces règles pour le bon déroulement du jeu.

L'équipe B a droit à **5 essais** qui correspondent aux 5 tickets. Si l'équipe B n'a plus de ticket et qu'elle n'a pas trouvé le bon couvercle, elle a perdu cette partie et les rôles sont inversés. Lorsque le bon couvercle a été trouvé, l'équipe B marque un point.

L'équipe B peut mettre en place une **stratégie** si elle **organise** les couvercles refusés en fonction de la réponse reçue. Mais la mise en place d'une telle stratégie demande de jouer plusieurs fois et de pouvoir observer le jeu des autres. L'idéal est de permettre à chaque équipe de jouer les deux rôles trois fois de suite.

En décidant de demander au meneur de placer un jeton rouge ou vert dans le couvercle proposé, nous facilitons pour le joueur un début de stratégie (sans laisser les enfants la construire) puisque les couvercles proposés sont ainsi **« marqués ».**

Ce marquage certes ne suffit pas, mais il permet au moins de ne pas proposer sans cesse les mêmes couvercles (ce que font les enfants qui ne comprennent pas l'enjeu de la situation et découvrent trop tard qu'il n'y avait que cinq jetons disponibles !). On pourrait sans doute attendre que les enfants réclament des outils de marquage, mais nous avons constaté que cette attente était vaine... car ils n'ont pas l'idée que cette demande peut faire partie du contrat !

Certains enfants organisent tout de suite les couvercles rendus alors que d'autres n'en ont cure. Plusieurs niveaux d'organisation sont possibles :
- **Un premier niveau** consiste à mettre d'un côté les couvercles « trop petits » et de l'autre les « trop grands », ce qui ne permet pas de conclure ensuite de façon assez rigoureuse.
- **Le deuxième niveau** consiste à ranger ces couvercles du plus petit au plus grand dans les deux collections (la collection des « trop petits » d'une part et la collection des « trop grands » d'autre part) et à ne proposer que des couvercles qui appartiennent au « trou » entre ces deux collections : « plus petit que le plus petit des plus grands et plus grand que le plus grand des plus petits »...
- **Le troisième niveau**[8], non observé en MS, est une amélioration du précédent. Il consiste à proposer d'entrée de jeu, un couvercle « moyen » pour réduire rapidement le champ des possibles, et à toujours prendre le couvercle « au milieu » de la bonne sous-collection. Les enfants de MS ont, au contraire, tendance à proposer au départ un très petit couvercle ou un très grand[9] (quand ce n'est pas le plus petit ou le plus grand), ce qui apporte peu d'information et laisse le champ des possibles grand ouvert. Le choix des cinq tickets tient compte de la difficulté à mettre en place cette stratégie optimale.

8. Procédé de dichotomie.

9. Peut-être parce qu'ils peuvent les nommer, alors que les autres sont « sans nom ».

Situation 8

Moyenne Section

Les cinq tours alignées

Objectifs

- Prendre conscience qu'un objet plus grand qu'un autre peut cacher ce dernier.
- Utiliser des informations numériques dans un cadre spatial.
- Prendre en compte deux contraintes.

Matériel

- 15 cubes en plastique rigide utilisés en motricité : ils ont 15 cm de côté et sont percés d'un trou cylindrique au centre de chaque face ; on peut les emboîter à l'aide de petits cylindres adaptables à ces trous
- 2 bandes de papier de 7 cases de la taille de la section des cubes utilisés :

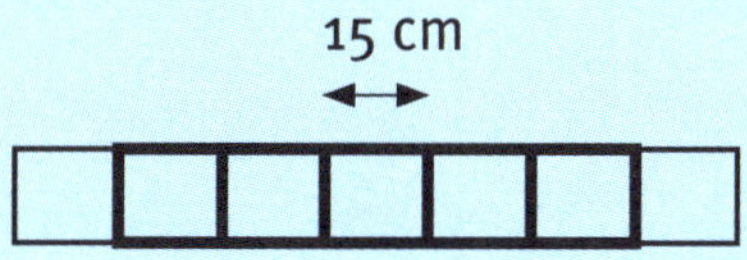

Les petits cylindres d'emboîtage des cubes symbolisent les « antennes » des tours. Leur position sur le dessus de chaque tour les rend bien visibles, ce qui permet d'éviter les effets de déplacements latéraux des enfants qui, en se penchant à gauche ou à droite, arrivent à voir le bord des tours « cachées » mais pas ces cylindres.

Si possible, on choisit une même couleur pour tous les cubes d'une même tour et des couleurs différentes pour chaque tour, ce qui permet de les nommer : la tour rouge, la jaune, la verte... Si on utilise des cubes d'une seule couleur, il faudra désigner les tours par leur nombre d'étages alors qu'il est ensuite question du nombre d'antennes visibles ; ce qui peut constituer une source de confusion.

Mots et expressions utilisés

devant, derrière, dessus, en face, caché, extrémité, au bout, à gauche, à droite

Dans cette situation, les trois aspects numérique, géométrique (au sens de relations spatiales) et logique sont présents en même temps. Sur le plan numérique, on trouve un usage des nombres de deux sortes :
- la désignation des quantités : nombre de tours, nombre d'étages de chaque tour ;
- la désignation des tours par leur nombre d'étages : la « tour 5 ». La tour désignée par l'étiquette « 5 », ce n'est pas la même chose que les 5 étages de cette même tour.

Atelier dirigé de 3 ou 4 enfants

Activité 1 Observation des 5 tours

ÉTAPE 1 Desciption des 5 tours

Cette première étape se situe dans le méso-espace : les enfants et les tours ont des tailles de même ordre et les enfants font partie de l'espace étudié.

Le matériel est montré aux enfants, en vrac : « J'ai fabriqué des tours avec les cubes que nous utilisons en motricité. Comment sont-elles ? ». Les enfants décrivent ces tours avec leurs mots et l'enseignant énonce : « Vous avez bien vu, il y a 5 tours : une tour bleue de 5 étages, une tour rouge de 4 étages, etc. ». Si certains enfants ne savent pas encore dénombrer, la désignation par la couleur leur suffit, mais c'est aussi l'occasion d'apprendre à dénombrer dans un domaine numérique restreint.

ÉTAPE 2 Appropriation de l'idée de point de vue

L'enseignant aligne ensuite les cinq tours sur la grande bande de papier, posée sur des tables d'enfants ou sur un banc, de manière à ce que le haut de la tour de trois étages se trouve à peu près à la hauteur des yeux des enfants.

La disposition des tours est la suivante :

	2	5	1	4	3	

Les enfants sont invités, un à un, à se déplacer autour du matériel et à dire ce qu'ils voient.

Cette étape doit permettre aux enfants de découvrir d'abord qu'un ensemble d'objets (voire un seul objet) n'est pas vu de la même façon suivant l'endroit d'où on l'observe. Dans un deuxième temps, il s'agit de comprendre et de dire à quelles conditions un objet peut en cacher un autre. L'enseignant demande alors : « Il y a une tour de 5 étages : où est-elle ? » ; « Et les autres tours : combien ont-elles d'étages ? ».

Si le matériel disponible le permet, l'enseignant précise la symbolisation de l'antenne de télévision : « Ce cylindre rouge, on dira que c'est l'antenne de télévision de chaque tour... ».

ÉTAPE 3 Combien voit-on de tours ou d'antennes à chaque extrémité ?

L'enseignant demande à chaque enfant de déterminer combien il voit d'antennes à partir de chaque position extrême. Les enfants se déplacent, tournent autour de l'assemblage. L'enseignant précise le vocabulaire retenu : les tours, les étages, les antennes.

Par exemple, dans le problème précédent, les antennes ou tours qui seront vues à chaque extrémité seront :

- au nombre de 2 (les tours 2 et 5) d'un côté, la tour 5 cachant les 3 autres tours ;
- au nombre de 3 (les tours 3, 4 et 5) de l'autre côté, la tour 4 cachant la tour 1 et la tour 5 la tour 2.

2	2	5	1	4	3	3

Le nombre de tours est donné oralement **sans qu'interviennent les étiquettes-nombres rouges qui ne seront utilisées que dans les activités suivantes**. Puis les tours sont enlevées et posées par terre.

Plusieurs dispositions différentes des tours sont ainsi proposées aux enfants avant de passer à l'étape suivante. Par exemple :

	3	4	5	1	2	

ACTIVITÉ 2 Résolution de problèmes

BUT À ATTEINDRE :
Placer les cinq tours en tenant compte du nombre de tours qui doivent être visibles à chaque extrémité de l'alignement.

Les problèmes sont successivement posés dans l'espace de la classe, puis dans celui de la feuille de papier.

4 enfants sont présents, mais un seul résout le problème à chaque fois

ÉTAPE 1 En vraie grandeur, avec les gros cubes

MATÉRIEL

- les 15 cubes en plastique rigide de 15 cm de côté utilisés en motricité
- bande-support de 7 cases de la taille de la section des cubes utilisés
- des étiquettes-nombres rouges de 1 à 5 pour mémoriser le nombre de tours visibles à chaque extrémité de la bande (d'environ 4 cm de côté)

Avec assez de cubes, on pourrait faire 2 équipes de 3 enfants et leur proposer de résoudre le même problème en parallèle. Cela leur permettrait de prendre conscience qu'un même problème peut parfois avoir plusieurs solutions.

Les enfants sont devant la bande de papier de 7 cases et l'enseignant explique ce qu'il attend des élèves : « Anna va se placer à ce bout-là *(une des deux extrémités de la bande)* et Kevin va aller à l'autre bout ». Les deux enfants se mettent en place. « Cette fois-ci, c'est Thomas qui va placer les tours sur la table, chaque tour l'une après l'autre. Mais attention, Thomas ne peut pas les mettre où il veut. Il faudra, une fois que les 5 tours seront en place, qu'Anna voie 1 tour et que Kevin voie 3 tours. Toi, Julien, tu cherches aussi mais tu ne dis rien à Thomas pour l'instant. Quand Thomas aura fini, tu iras discuter avec lui pour vérifier que les tours sont à la bonne place. Anna et Kevin nous diront ce qu'ils voient. Vous avez bien entendu : Anna doit voir 1 tour et Kevin doit en voir 3. »

Lorsque Thomas estime qu'il a « bien placé les tours », Julien donne son point de vue à Thomas tout bas et Thomas peut encore changer d'avis. Les deux enfants se mettent d'accord et indiquent quand ils sont sûrs de leur solution.

On demande à Anna et Kevin ce qu'ils voient effectivement. La solution est ajustée, si nécessaire, par essais successifs.

Plusieurs problèmes sont ainsi proposés aux enfants avant de passer à l'étape suivante.

Un même problème admet en général plusieurs solutions, mais attention certains n'en admettent aucune. Voici les problèmes ayant au moins une solution :

(1, 2) (1, 3) (1, 4) (1, 5) (2, 2) (2, 3) (2, 4) (3, 3)

Les problèmes contenant un 5 ou un 1 sont plus faciles que les autres puisqu'ils imposent un ordre déterminé et il est important de noter si les enfants prennent conscience de l'apport de ces informations facilitantes.

A la fin de cette étape, certains enfants auront pris conscience que :
- le « 1 » oblige à mettre la tour 5, c'est-à-dire la plus grande, au premier plan puisqu'elle doit cacher toutes les autres tours ;
- le « 5 » indique que, de ce point de vue, on voit les cinq tours et qu'elles sont donc rangées par ordre croissant depuis la position de l'observateur ;
L'enseignant aide les enfants à verbaliser ces constats mais il ne les systématise pas pour tous.

Certains enfants risquent d'oublier les données numériques du problème. C'est alors qu'on leur propose de placer, devant chaque extrémité, l'étiquette-nombre rouge correspondant au nombre de tours qui doivent être visibles de ce point de vue (voir ci-après). Mais il ne nous semble pas adéquat, à ce stade, de leur imposer ces étiquettes si elles ne leur sont pas nécessaires.

ÉTAPE 2 Schématisation du problème dans l'espace à deux dimensions

Cette schématisation n'est possible que pour les enfants qui ont parfaitement compris les enjeux des problèmes précédents et qui sont donc capables d'anticiper. Pour les autres, il faudra attendre un peu plus tard ou la GS.

MATÉRIEL

- la bande-support avec des cases de 15 cm de côté
- les étiquettes-nombres rouges de 1 à 5 (d'environ 12 cm de côté)
- 5 étiquettes-nombres noires de 1 à 5 (d'environ 12 cm de côté)
- une petite bande-problème de 7 cases par enfant (de 2 cm de côté)
→ *fiche matériel 8*
- des gommettes-nombres de 1 à 5 dont la taille correspond aux cases de la bande-problème

Après que les enfants ont résolu un problème de tours (par exemple le problème 1,3) proposé en activité 1, l'enseignant fait schématiser la solution trouvée **et toujours visible** en deux temps :

1. Schématisation sur la bande-support en vraie grandeur

L'enseignant positionne sur la bande-support, dont les cases ont 15 cm de côté, les étiquettes-nombres rouges ainsi :

1						3

Il précise : « Les nombres rouges 1 et 3 que j'ai placés, c'est pour rappeler qu'ici on devait voir une seule tour et que là on devait en voir trois ».

Les enfants ont à leur disposition 5 étiquettes-nombres noires qui représentent les tours à partir de leur nombre d'étages (l'étiquette « 5 » par exemple représente la tour qui a cinq étages) et ils les positionnent sur la bande ci-dessus, **comme ils ont placé les tours en vraie grandeur.**

Les enfants doivent comprendre que les « vraies » tours sont schématisées par des étiquettes-nombres, dans un espace de mêmes dimensions (les étiquettes ont les mêmes dimensions que la base des tours qu'elles représentent).

2. Schématisation sur la bande-problème, dans un espace miniature[10]

L'enseignant distribue à chaque enfant des gommettes-nombres et une bande-problème identique à la bande précédente mais en plus petit (les cases ne font que 2 cm de côté). Chaque enfant colle les gommettes-nombres à la bonne place sur la bande-problème qui est à son nom : c'est la trace écrite de son travail.

Les étiquettes-nombres et les gommettes évitent les problèmes de graphie des écritures chiffrées, qui n'est pas un objectif d'apprentissage de cette situation, et peut ralentir les enfants dans leur démarche.

Explication de la tâche à 4 enfants et résolution individuelle

Activité 3 Résolution individuelle de problèmes dans le micro-espace (fin de MS et GS)

Matériel par élève

- des bandes-problèmes dont les cases mesurent 2 cm de côté → *fiche matériel 8*
- des cubes de 2 cm de côté et de 5 couleurs différentes si possible, emboîtables pour faire cinq tours unicolores de un à cinq étages
- une petite figurine de 5 ou 6 cm de hauteur simulant un personnage ou un pion de même taille si aucune figurine ne peut être trouvée
- des gommettes-nombres noires de 1 à 5

10. Appelé « micro-espace ».

C'est un approfondissement de la phase précédente, réservé aux enfants qui ont compris la schématisation. Les problèmes sont maintenant posés dans l'espace de la feuille de papier, l'enfant étant extérieur à la situation étudiée et pouvant voir d'un seul coup d'œil l'ensemble du dispositif.

L'enseignant explique que l'on va faire « la même chose, mais en petit ».

Il précise, en particulier, le rôle des personnages fictifs : « Maintenant c'est le petit personnage qui regarde les tours et toi tu vas poser les petites tours pour que le personnage voie juste le nombre de tours indiqué sur les étiquettes rouges ».

Puis il présente les petites tours : « Les petites tours sont comme les grandes avec lesquelles vous avez joué sur les tables : celle-ci a deux étages, c'est la tour 2. Qui peut montrer la tour 5 ? » etc.

Enfin il montre une bande-problème : « Par exemple, ici, le petit personnage doit voir 2 tours de ce côté et 3 tours de l'autre côté » :

2						3

En s'adressant à l'un des enfants, il poursuit :

« Quand tu auras posé les tours sur la bande et bien vérifié que le petit personnage voit bien le nombre de tours qui est marqué à chaque extrémité, tu pourras **enlever chaque tour une par une** et coller à sa place la gommette-nombre qui convient. La gommette 3, c'est celle qui veut dire que la tour qui était posée avait trois étages. Et cette gommette-là (par exemple 4), montre-moi quelle tour elle va remplacer. »

L'enseignant insiste encore : « Quand tu colles les gommettes, c'est que tu es sûr ! ».

Il donne alors à chacun des enfants présents une bande-problème différente. La validation se fait par échange des productions entre les enfants, en présence de l'enseignant : en cas d'erreur, l'enfant est invité à positionner à nouveau les tours.

Situation 9

Moyenne Section

Les cartes postales

Objectif

Prendre en compte deux critères : **la taille** d'éléments de même forme et de même couleur et **la quantité** de ces éléments présents sur un modèle.

Matériel

- 3 sortes de gommettes rondes[11] de **même couleur**, aux **tailles bien différenciées,** et triées par taille dans trois petits plateaux.

- des cartes supports vierges, de format d'environ 10 x 15.
- des cartes modèles sur lesquelles les 3 sortes de gommettes rondes ont été collées pour former un dessin

Atelier autonome de 4 enfants

But à atteindre : *Commander les éléments nécessaires à la copie d'un modèle et réaliser cette copie.*

Un des 4 enfants joue le rôle du marchand et distribue les gommettes que ses camarades viennent lui demander. Il n'est pas placé à la même table que les 3 autres enfants.

Chacun des 3 autres enfants reçoit une carte vierge et une carte modèle. Chaque enfant va commander, en une seule fois, les gommettes dont il a besoin et revient réaliser son œuvre.

Les rôles changent, le marchand devenant joueur, dans un autre atelier par exemple.

Exemples de cartes modèles :

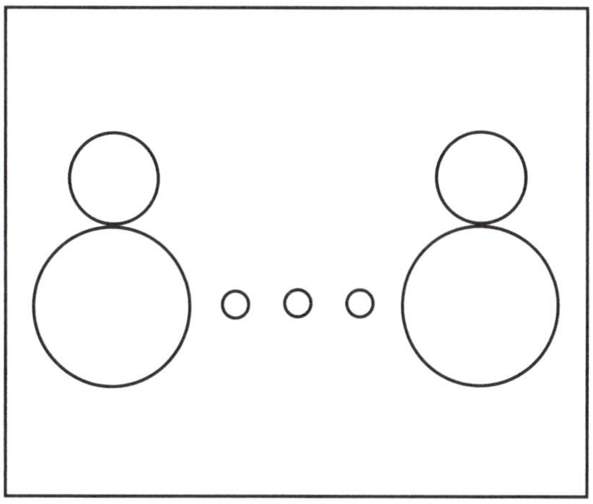

11. Ou de toute autre forme, mais on évitera de mélanger les formes.

L'enseignant pourra proposer un travail différencié en modifiant certaines caractéristiques des cartes modèles ou des cartes supports :
- Les modèles proposés peuvent être plus ou moins complexes.
- Les cartes modèles **sont miniaturisées** et sont faites avec des gommettes toutes plus petites : il faut alors identifier la « moyenne gommette » par exemple, comme une information relative et non absolue.
- Les cartes supports portent le dessin du **contour** des gommettes afin de faciliter leur positionnement.

Voici un exemple de carte support permettant un travail de différenciation pour des enfants ayant des difficultés à positionner leurs gommettes :

- la carte-modèle est de la même dimension que la carte à réaliser avec des gommettes également de diamètre plus grand : 4 cm, 2 cm et 1 cm ;
- au lieu de fournir des cartes vierges, l'enseignant donne une carte qui donne la **trace** du dessin.

Exemple de carte-modèle (à agrandir) ➤

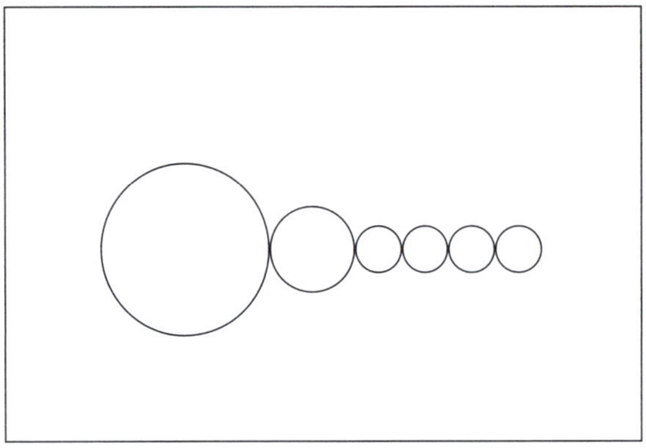

Activités d'accompagnements autour des grandeurs :

Elles sont proposées en ateliers autonomes **tout au long de l'année**. Nous ne donnons que des « idées » d'activités à adapter à chaque classe.

1. Encastrements avec différentes tailles :

- Positionnements linéaires ou superposés (Celda, Ikea...) ainsi que tous les puzzles et encastrements avec un même personnage de différentes tailles.

2. Collages

- Coller, l'une sur l'autre, des formes identiques (ronds, carrés, triangles ou autres non géométriques) de tailles différentes, de façon à ce que chaque objet soit, au moins en partie, visible : donc du plus grand au plus petit (ce qui n'est pas indiqué aux enfants, bien sûr...). Validation visuelle : si le grand est dessus, on ne voit plus les autres. Il faut disposer de 2 jeux de formes pour pouvoir retrouver chacune des formes une fois collée (et surtout mal collée). En PS, on donne trois ou quatre tailles différentes et un papier carré pour support de collage « petit » pour pousser au collage l'un sur l'autre.

- En MS, atelier en utilisant les blocs logiques : mettre tous ceux qui ont la même forme en pile : on doit tous les voir (les blocs, n'étant pas collés, peuvent être déplacés s'il y a constatation de l'erreur). Puis passage à des formes géométriques de différentes tailles découpées dans du papier de couleur qu'il faut coller « en pile » (là encore, on n'indique pas à l'enfant qu'il faut les coller du plus grand au plus petit mais **qu'il faut tous les voir**).

- Collage de pailles de couleur de quatre tailles différentes sur un « escalier » de trois marches :

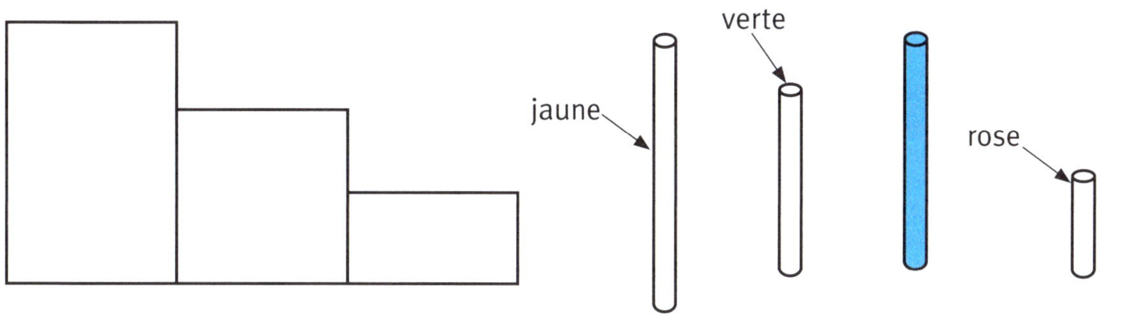

Il faut que chaque paille touche le bas et le haut de la marche. Dans l'exemple, la paille jaune va sur la grande marche, la verte sur la moyenne, la rose sur la petite mais la bleue est un intrus et ne peut pas être collée. On a des pailles de toutes les couleurs pour une même taille.

- Collage de feuilles d'arbres, de poissons, de fleurs de tailles différentes sur un support du type :

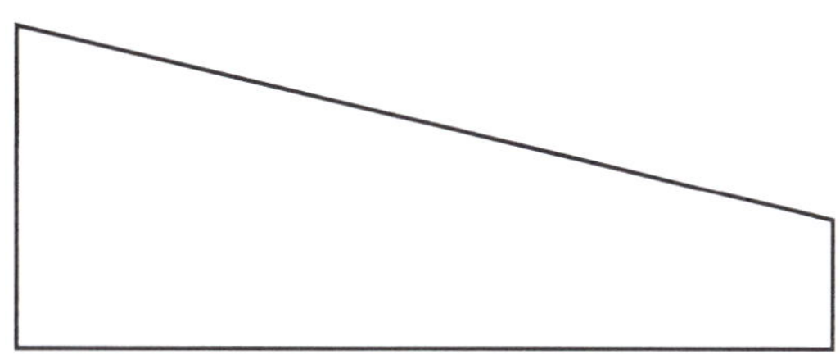

Tous les objets doivent toucher le haut et le bas de la feuille.

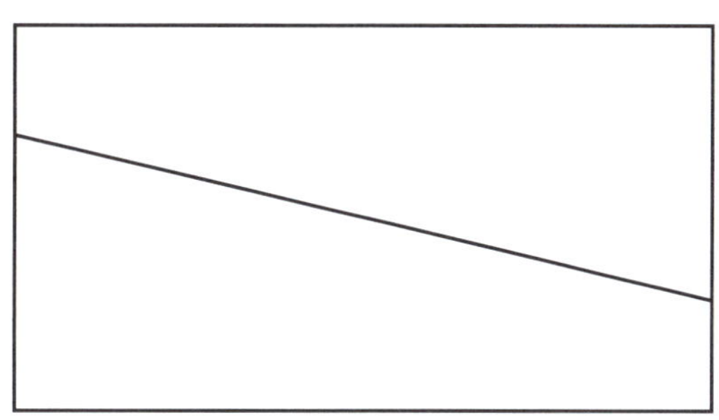

3. Découpage et collage

Une feuille de carrés de différentes tailles est donnée à chaque enfant ainsi qu'une feuille de cercles dont les diamètres correspondent aux côtés des carrés (feuilles de couleurs différentes). Le positionnement des ronds sur la feuille n'est pas le même que celui des carrés. Les enfants doivent découper les ronds, coller chaque rond dans le carré qui lui correspond. On peut aussi faire découper les carrés avant ou après le collage des ronds et demander de coller les carrés, « dans l'ordre », sur une feuille d'une troisième couleur.

4. Modelage

Faire une boule en pâte à sel et la poser sur un plateau (elle sert de référence), puis il faut en faire une plus petite et une plus grande.

Si plusieurs enfants travaillent à cet atelier, on peut leur donner de la pâte à sel de couleurs différentes ; quand c'est sec et solide, on fait faire des observations sur le fait que les tailles sont « relatives » : la petite rouge est peut-être plus grande que la grande verte !

5. Chaînons (anneaux de plastique de couleur)

A partir d'un « poteau » vertical de référence, faire une chaîne de la même taille que le poteau (ou plus grande, ou plus petite pour un autre enfant). Le poteau est placé sur le bureau de l'enseignant ; les enfants encliquent les chaînons à leur place et viennent s'assurer que la chaîne a bien les propriétés demandées.

6. Jeux de construction

Deux enfants disposant de matériels différents (Lego et Duplo par exemple) doivent construire deux tours ou deux trains à peu près de même taille. Constat : il faut plus de petites briques pour faire la même taille, ce qui permet de distinguer la longueur totale de la longueur de ses éléments.

7. Construction à la taille des enfants

En utilisant le matériel de motricité (caissettes, cubes de 15 cm de côté, Kapla) faire un chemin ou une tour plus long que..., plus petit que..., etc.

8. Travail sur quadrillage

MATÉRIEL : *un quadrillage 5 x 5, 4 carrés bleus de la taille des mailles du quadrillage, 3 rectangles jaunes 2 x 1 et 5 rectangles rouges 3 x 1.*

Il faut placer toutes les pièces disponibles sur le quadrillage. Les quantités de chaque sorte de rectangles sont choisies pour que le remplissage pose problème et pour que les enfants réalisent que les plus grands rectangles doivent être placés en premier, sous peine de blocage.

ANNEXES :
Quelques livres et albums

• Il existe de nombreuses versions de ***Boucle d'Or et les trois ours***. Nous avons retenu les suivantes :

- ***Boucle d'Or et les trois ours,*** illustré par Maryse Lamigeon et raconté par Ann Rocard, Nathan, 2000 *(ouvrage particulièrement intéressant pour l'usage que nous en faisons).*
- ***Boucle d'Or et les trois ours,*** illustré par Bernadette, Nord-Sud, 1984.
- ***Boucle d'Or et les trois ours,*** Rascal, Ecole des Loisirs, 2002 *(en noir et blanc).*
- ***Boucle d'Or et les trois ours,*** Steven Guarnaccia, Seuil Jeunesse, 1999 *(conte très « moderne »...)*
- Boucle d'or et les trois ours, images de Danièle Bour, Texte de Henriette Bichonnier, Editions des lires, 2003 *(trop difficile pour les petites et moyennes sections mais très intéressant à reprendre en GS, en dehors de l'intérêt mathématique).*

• ***L'arbre de Jacob,*** Holly Keller, Kaléidoscope, 2001.

• ***Les trois boucs***, Jean-Louis Le Craver et Rémi Saillard, Didier Jeunesse, 1999.

• ***Voisin-voisine***, Didier Jean et Zad, Milan, 1999 *(à chacun selon sa taille).*

• ***Le pantalon de Gaston***, Marie Delafon, Milan, 1997 *(trop grand pour moi).*

• ***Inès est grande***, Marie-Aline Bawin et Colette Hellings, Mango Jeunesse, 1999 *(grande à condition de monter sur quelque chose...).*

• ***Un petit sapin de Noël***, Karl Ruhmann et Anne Moller, Nord-Sud, 2002 *(petit sapin deviendra grand...).*

• ***Et pit et pat à quatre pattes***, Jeanne Ashbé, Ecole des Loisirs, coll. « Pastel », 1995.

Jeux et matériels utiles

Chez Bourrelier sur les grandeurs :

- Triangles encastrables (réf. 361 171058)
- Sapins (réf. 364 933 59)
- Les Escaliers (réf. 361 329 58)
- Triangles en barres (réf. 361 172 59)

Comptines, chansons...

• Les petits poissons dans l'eau ... nagent aussi bien que les gros
• J'ai ramassé des champignons, des tout petits, des grands, des minces, et des géants
• Deux petits pouces ont peur du loup
• Deux petits ballons avaient le ventre si rond
• Deux gros bonhommes s'en vont au bois
• Un gros chat gris dormait

Points clés

Il ne s'agit pas de donner ici des définitions rigoureuses qui d'ailleurs n'existent pas toujours, mais d'indiquer le point de vue retenu dans cet ouvrage sur chaque rubrique.

Activité, action, anticipation

Pour nous, faire des mathématiques c'est d'abord résoudre des problèmes et **anticiper** sur l'action. Cette anticipation n'est possible qu'à partir d'une certaine expérience des objets ou des événements, des « phénomènes », qui vont servir de supports à la situation, mais c'est au moment où la manipulation des objets n'est plus possible, qu'elle ne peut qu'être évoquée, que le travail mathématique commence réellement.

Les enseignants de l'école maternelle sont bien conscients, sans doute plus qu'à d'autres niveaux de la scolarité, de la nécessité de rendre l'enfant actif. On dit aussi que l'enfant doit être « acteur de ses apprentissages », expression qui n'est pas toujours bien comprise d'ailleurs, par exemple quand on la traduit par l'idée que l'enfant peut apprendre seul. Il nous semble important de préciser cependant que les actions ne se réduisent pas à des manipulations : elles doivent également être **mentales**, même si, dans ce cas, elles restent souvent privées, difficiles à exprimer et à contrôler.

Albums

Les albums permettent un premier contact des enfants avec l'écrit mais aussi avec une certaine forme de culture[1]. Nous avons cherché, chaque fois que c'était possible, à proposer des albums ayant un lien plus ou moins direct avec les notions traitées ou les contextes choisis. Il s'agit bien sûr d'une simple proposition mais cela nous a semblé un moyen de faire connaître aux enfants des albums qu'ils n'ont pas toujours l'occasion de rencontrer dans leur famille et, d'autre part, un essai de « mise en réseau » d'acquis disparates. Par exemple, l'histoire de Boucle d'Or et des trois ours, qui paraît bien commune aux adultes, reste un vrai plaisir de lecture pour la plupart des enfants et leur permet de se donner une bonne image mentale des notions de petit, moyen, grand, même si d'autres images sont nécessaires.

Aide

Comment « aider » un enfant qui « patauge », qui ne s'en sort pas, qui tourne en rond ou a oublié ce qu'il fallait faire ? Quel est le rôle de l'enseignant ? Depuis quelques années, les enseignants sont parfois déroutés par ces questions tant on a dit que l'enfant devait construire seul ses connaissances. Certes, il n'y a pas de réponse standard à ces importantes questions, mais nous pensons qu'une bonne manière d'aider un enfant est de le questionner de la façon la plus ouverte possible. Bien sûr, c'est plus facile à dire qu'à faire... Mais l'expérience montre que les questions qui permettent à l'enfant de regarder ce qu'il est en train de faire, parfois d'un autre point de vue que celui qu'il avait, lui permettent presque toujours de reprendre pied, sans que l'enseignant ait à dévoiler la solution. C'est bien pour cela que l'« aide » d'un autre enfant est pratiquement impossible : un enfant qui vient de trouver une solution ne peut que la montrer ou la dire, et n'a pas les moyens de faciliter la résolution personnelle d'un de ses camarades.

1. *Cf.* Lire et écrire, des apprentissages culturels, Bernard Devanne, Armand Colin, 1992.

Appropriation

Nous nommons ainsi le moment qui permet aux enfants de se familiariser avec un matériel nouveau ou un usage différent d'un matériel connu. C'est un moment difficile à gérer car il ne doit pas déflorer l'entrée dans la situation proprement dite mais donner envie d'en savoir plus, d'aller plus loin. Il demande souvent une certaine théâtralisation, la création d'un suspense. On a parfois l'impression qu'un enfant n'a pas bien profité de ce moment d'appropriation et qu'il faudrait lui en dire davantage. Puis on s'aperçoit, dans la situation même, qu'il a retenu les éléments fondamentaux ou, même, qu'il les découvre en agissant. Certains enfants peuvent parfois entrer directement dans la situation et, si nous pouvons le prévoir, nous les dispensons alors de ce moment qui reste un « préalable ».

Artificiel

C'est sans état d'âme que nous proposons des situations dont on peut dire qu'elles sont « artificielles » et non « naturelles ». Le grand débat sur nature et artifice n'a pas lieu d'être à l'école, lieu artificiel de développement et d'apprentissage par excellence ! Mais dire qu'une situation est artificielle n'est pas dire qu'elle n'a pas de sens pour l'enfant, même si le danger est grand qu'elle en soit dépourvue en effet. Les enfants sont bien habitués à l'artifice dans tous les jeux de fiction qu'ils créent en permanence et qui ont du sens pour eux, bien sûr. C'est par peur des activités artificielles que l'école maternelle s'est trop souvent cantonnée dans les activités dites « fonctionnelles » : il est vrai que ces dernières, parce qu'elles sont vécues en vraie grandeur, sont garantes de sens. Mais elles ont, elles aussi, leur limites, en particulier par le fait qu'elles sont « contingentes et répétitives », comme le dit Philippe Meirieu ; qu'il n'est pas possible d'en changer les variables !

Par exemple, lorsqu'une situation fonctionnelle concerne toute la classe et que la classe comporte 27 enfants, il faut gérer cette « grande quantité » coûte que coûte.

Une situation artificielle analogue, par exemple à propos d'un groupe de 8 poupées fictives, pourrait bien mieux faire l'affaire sur le plan des apprentissages.

Vive le « goûter des poupées », prétexte à des activités de distribution avec contraintes choisies par l'enseignant, pour libérer de sa charge pédagogique la collation et lui rendre sa joyeuse fonctionnalité !

But à atteindre

Le but à atteindre constitue l'enjeu de la situation du point de vue de l'enfant. Il définit en général une production et les moyens de savoir s'il est atteint ou non. Sa bonne compréhension est indispensable à la mise en recherche mais elle n'est pas nécessairement totale quand les enfants entrent dans la situation : ce sont souvent les premiers essais qui permettent de clarifier ce but. Si dans la phase d'appropriation on en « dit trop », on risque de faire le travail de recherche à la place de l'enfant. Il est toujours possible, à l'inverse, d'apporter en cours de recherche des précisions qui s'avèrent utiles.

Chiffres et écritures chiffrées, mot-nombre

« Les chiffres sont aux nombres ce que les lettres sont aux mots », dit-on pour essayer d'éviter les confusions entre chiffres et nombres : pour écrire le nombre 5, on utilise un seul chiffre, 5 ; mais pour écrire le nombre 25, il faut deux chiffres : 2 et 5. Il s'agit donc

de **signes** qui permettent de désigner les nombres par écrit. A l'école maternelle, et surtout en Petite et Moyenne Sections, on ne devrait jamais utiliser ce mot. Les enfants se familiarisent très progressivement avec les nombres et leurs désignations orales, le « nom des nombres ». Même si les enfants de Petite et de Moyenne Sections sont amenés à lire ou à écrire des nombres dans des situations fonctionnelles, rituelles, voire dans des situations d'apprentissage, **il est préférable de ne parler que de nombres.** Pour plus de clarté, on distingue un nombre du mot qui le désigne et que l'on appelle mot-nombre.

Dès avant leur entrée à l'école maternelle, les enfants ont rencontré des écritures chiffrées. Comme pour l'approche de tout écrit, ils prennent conscience petit à petit du fait que ces traces écrites particulières apportent de l'information et constituent une mémoire des événements. Cependant, la compréhension du fonctionnement du système de numération ne constituera un réel enjeu didactique qu'au niveau du Cours Préparatoire. En Petite Section et en Moyenne Section, nous n'avons proposé aucun apprentissage systématique de ces écritures chiffrées. Si une situation d'apprentissage ou la vie de la classe nécessite l'utilisation de ces écritures, rien n'empêche de le faire bien sûr, en utilisant des étiquettes-nombres par exemple, et l'on voit des enfants qui ont mémorisé, de façon tout à fait globale, l'écriture « 2004 », affichée pendant plusieurs mois dans la classe, alors qu'ils ne peuvent « lire » l'écriture « 12 » dont ils n'ont pas eu à se servir. En fin de Moyenne Section et en Grande Section, nous leur proposons des activités qui vont leur permettre de se familiariser avec les écritures chiffrées des nombres jusqu'à 30 environ – comme les Instructions Officielles nous y invitent – en utilisant parfois des outils de lecture ou d'écriture, comme la bande numérique, par exemple.

Précisons encore que l'usage de cette bande numérique, pour lire ou écrire des écritures chiffrées que l'on ne maîtrise pas, nécessite de savoir dénombrer sans erreur jusqu'au nombre dont on cherche l'écriture. La bande numérique joue le rôle d'un dictionnaire uniquement dans le domaine numérique dans lequel l'utilisateur sait dénombrer. On comprend donc facilement que cette bande numérique doit **être individuelle et personnalisée** (je sais dans quelle zone je peux l'utiliser) **et n'a pas sa place en Petite Section parce qu'elle est inutilisable par les enfants qui ne savent pas dénombrer**, ni même en début de Moyenne Section, parce que la longueur de la suite numérique connue est encore trop restreinte. Nous proposerons, dans un ouvrage destiné à la Grande Section, comment introduire et personnaliser cette bande numérique pour en faire un véritable outil efficace pour quelques mois.

Choisir

Pour pouvoir améliorer les effets de ses actes, il faut pouvoir les **choisir**. Cela semble bien banal mais, si on va jusqu'au bout de ce principe, il faut donc renoncer à utiliser les jeux de hasard sans aucun choix possible ! C'est ce que nous avons « choisi » de faire dans toutes les situations qui ont pour objectif de provoquer ou de faciliter des prises de conscience, de réfléchir, de chercher des liens. Par contre, si le jeu est utilisé pour entraîner des connaissances qui ont déjà pris sens ailleurs, le hasard peut entretenir le suspense et la motivation et il n'y a alors pas lieu de s'en priver.

Classement, tri, propriétés caractéristiques

On peut dire, dans une première approche, que classer c'est répartir des éléments en différentes « classes », c'est mettre ensemble certains éléments d'une collection et pas d'autres. Les mathématiciens définissent ces classes à partir d'une relation d'équivalence : par exemple, dans un ensemble de polygones, la relation « avoir le même nombre de côtés que... » permet de distinguer les triangles, quadrilatères, pentagones, etc. A l'école maternelle, ce pourra être la relation « être de la même couleur que... » qui aboutit à mettre ensemble les objets de même couleur et répartit l'ensemble des objets en autant de « tas » que de couleurs différentiables. Ce classement se fait à partir de « critères », d' « attributs » ou de propriétés bien repérables.

Les activités de tri proposées à l'école maternelle visent surtout à développer le sens de l'observation, la mémorisation : reconnaître des propriétés qui ne sautent pas aux yeux et pas seulement la couleur des objets par exemple. Mais elles permettent également de travailler des compétences d'ordre logique : caractériser un élément grâce à la reconnaissance de toutes ses propriétés et pas seulement de celles qui s'expriment de façon affirmative, définir ainsi les « propriétés caractéristiques » d'un élément, c'est-à-dire qui suffisent à le définir, mettre à part des éléments qui ne répondent pas à un critère donné, etc.

Si les activités de tri sont souvent motivées par des nécessités de type fonctionnel pas toujours très convaincantes (il faut que la cuisine soit bien rangée, par exemple), elles restent cependant gratuites, imposées par l'adulte. Nous proposons une situation, « les doubles escaliers », pour laquelle un tri préalable, en fonction de la forme et des dimensions des éléments, **et non suggéré par l'enseignant**, constitue une nécessité pour atteindre le but proposé.

Un jeu de portrait permet de prendre conscience des propriétés caractéristiques d'un objet : quelles questions faut-il poser pour déterminer l'objet mystérieux ?

Complexité

Nous voudrions ici faire l'éloge de la complexité[2]. Bien sûr, il ne s'agit pas de rendre « compliqué » ce qui est simple. Il s'agit d'aborder les connaissances dans des situations qui leur conservent leurs articulations, seul moyen de leur donner du sens, et surtout « des » sens différents, voire divergents parfois. Et tant pis si la réussite de la tâche est moins facile, moins rapide, pas automatique : l'essentiel c'est la réussite de l'apprentissage et non celle de la tâche...

Compter, dénombrer, nombrer

Ces mots sont souvent employés l'un à la place de l'autre, sans grand dommage pour les enfants, il est vrai. *Stricto sensu*, il serait préférable de réserver le terme « compter » au fait de réciter la suite numérique à partir de 1, alors que « dénombrer », parfois remplacé également par « nombrer », désigne une procédure, quelle qu'elle soit, qui permet de déterminer le nombre d'éléments d'une collection, par exemple en « comptant » d'une façon très méthodique chaque élément de la collection. A l'école maternelle, on emploie le mot compter pour dénombrer. Mais l'important, surtout à ce niveau, est de bien prendre en compte les différents éléments d'un bon dénombrement. Pour faire vite, dans le cadre de cet ouvrage, nous dirons que le dénombrement par comptage demande au moins :
- La connaissance du début de **la suite numérique** : cela signifie la mémorisation de la suite usuelle ordonnée des mots-nombres, mais aussi leur identification en éléments séparés et non comme un texte sans coupure ; la longueur de cette suite utile dépend de la quantité d'éléments à dénombrer ;
- La capacité de faire le lien entre un seul mot-nombre et un seul élément à dénombrer, de faire **une correspondance terme à terme** très particulière puisqu'elle se fait entre des mots et des objets : ne pas réciter la suite numérique plus vite ou plus lentement que les éléments sont repérés. Et ceci est encore très difficile en MS pour beaucoup d'enfants,

2. Voir Anne-Marie Ragot et Richard Assuied « Apprendre dans des situations complexes »

dans certaines situations. Plusieurs variables rendent le dénombrement plus ou moins difficile en effet : la possibilité de toucher ou non les éléments, de les déplacer ou non, leur disposition organisée ou non, la possibilité d'un repérage d'un « premier élément », etc.

- Mais ces « techniques » ne suffisent pas à faire comprendre l'intérêt fondamental de cette récitation, même bien menée, avec une correspondance rigoureuse entre les mots-nombres et les éléments à dénombrer. Il faut encore accepter, voire comprendre, que le **dernier mot-nombre récité** suffit à indiquer le nombre d'éléments de la collection. En Petite et en Moyenne Sections, de nombreux enfants ont mémorisé qu'il faut compter quand on leur pose la question « Combien vois-tu de cubes ? » et ils enclenchent immédiatement ce comptage mais ils n'en déduisent pas le nombre d'éléments.

Pour toutes ces raisons, **il nous semble important de ne pas privilégier la procédure de dénombrement par comptage en Petite Section**, mais d'en permettre une acquisition progressive, principalement à partir de la Moyenne Section. Par contre, lorsqu'un enfant compte, soit de lui-même, soit sur invitation de l'adulte, le repérage des erreurs de comptage et leur analyse est très important car il demande en général un traitement différencié immédiat pour éviter que les erreurs ne s'installent.

Comptines

La suite numérique est couramment appelée « comptine ». Mais on désigne aussi sous ce terme les chansons qui « comptent ». Nous en avons donné quelques unes à la fin du chapitre « Des quantités aux nombres ». Par abus de langage, certaines comptines ne comptent pas... mais permettent de mémoriser d'autres mots que les mots-nombres, par exemple le nom des couleurs ou ceux des jours de la semaine, des saisons, etc.

Consigne et mots spécifiques

Les enseignants de maternelle savent combien la façon de donner une consigne va avoir d'importance sur la situation. Nous avons parfois donné la consigne en la mettant entre guillemets, indiquant ainsi que chaque mot a son importance. Mais nous savons bien qu'il n'est pas possible d'animer un atelier en lisant ses notes ! C'est pourquoi nous avons introduit une rubrique « Mots et expressions spécifiques » qui permet d'attirer l'attention sur **les mots à employer, voire sur ceux qu'il est préférable d'éviter**.

Correspondance terme à terme, appariement

Mettre en **correspondance terme à terme** deux collections, c'est associer **n'importe quel** élément de l'une avec **n'importe quel** élément de l'autre, de manière à ce que tous les éléments de la première collection soient en lien avec un et un seul élément de la seconde. La correspondance terme à terme est une procédure très utile pour comparer des quantités sans les quantifier : par exemple, si l'on a une collection de poupées et une de gâteaux et si l'on peut mettre en correspondance chaque poupée avec un gâteau (et chaque gâteau avec une poupée), on peut en déduire qu'il y a autant de poupées que de gâteaux, que les deux collections ont la même quantité d'éléments, qu'elles sont équipotentes, alors qu'on ignore combien il y avait de poupées et de gâteaux.

Nous pensons qu'il est important de bien faire la distinction entre une correspondance terme à terme et un appariement. Dans un **appariement**, il y a bien une correspondance entre éléments de deux collections mais cette correspondance ne se fait pas entre des éléments quelconques des deux collections mais en fonction de certaines des **qualités** des éléments. Par exemple, entre une collection d'animaux et une collection de bébésanimaux, on fera un appariement en reliant la jument et le poulain, la chatte et le chaton, etc. L'appariement peut être considéré comme une correspondance terme à terme particulière.

Domaine numérique

Pour la plupart des enfants qui entrent en Petite Section, lorsqu'il y a plus de trois ou quatre objets, il y en a « beaucoup ». Cette appréciation évolue tout au long du cycle 1 : « beaucoup » est progressivement utilisé pour désigner des quantités supérieures à 5 en fin de Petite Section, toujours pour parler de ce que l'enfant ne sait pas dénombrer et qu'il considère donc comme une grande quantité.

Il est possible de quantifier globalement des collections de 3, 4 éléments, quelle que soit la disposition spatiale de ces éléments : on dit, en conservant le mot anglais, que c'est la **zone de « subitizing »**. Si le mot n'est pas indispensable à retenir, il est par contre très important de bien distinguer cette zone très particulière dans laquelle la quantité est appréhendée correctement de façon globale : on voit d'un seul coup d'œil s'il y a 2, 3 ou 4 éléments. Ce n'est donc pas dans cette zone que la question du dénombrement par comptage va se poser : il est même intéressant de développer ces capacités de reconnaissance d'une quantité pour laquelle le dénombrement un à un n'est pas utile.

Dans une deuxième zone, entre 5 et 10, voire 12, une **organisation spatiale conventionnelle** peut permettre également une appréhension globale sans comptage, mais cela demande un entraînement, une mémorisation des configurations. Il peut être utile de ne pas avoir besoin d'engager une procédure de comptage dans ces cas là et les Instructions Officielles de 2002 invitent clairement les enseignants à prendre en charge cette mémorisation. En France, on utilise quelques configurations types : celles des doigts de la main, des dés à points classiques et des cartes à jouer.

Sans organisation conventionnelle, et pour des quantités supérieures à dix ou douze, il faut engager une procédure de quantification. C'est donc dans cette dernière zone (plus de cinq éléments répartis au hasard) que l'intérêt du dénombrement par comptage va se faire jour et qu'il faudra donc le développer.

Essais, erreurs

Si nous acceptons l'idée que les connaissances prennent du sens, voire des sens, à travers la résolution de problèmes, nous devons aussi accepter que cette résolution soit une vraie recherche et donc qu'elle puisse se faire sans succès immédiat. Pour que cette absence de réussite immédiate ne se transforme pas purement et simplement en sentiment d'échec, au moins deux conditions sont requises. La première concerne la façon dont la situation est présentée, le fait qu'il soit bien acquis par les enfants qu'on ne sait pas d'avance ou d'entrée de jeu comment atteindre le but. Cela fait partie du contrat explicité dans la classe : on peut se tromper. La seconde est la possibilité donnée aux enfants, comme à tout « chercheur », de recommencer plusieurs fois, de faire plusieurs essais, d'avancer mais aussi de reculer parfois, l'enseignant facilitant les prises de conscience de l'état de la recherche. Les essais sont « contrôlés », c'est-à-dire qu'ils sont mis en relation avec le but à atteindre, les erreurs sont prises en compte et bien repérées, l'enfant sait où il en est et, s'il ne le sait plus, s'il a « perdu le fil », des moyens sont mis en œuvre pour lui permettre de le retrouver. On ne se contente pas d'« excuser » l'erreur, on la reconnaît et on la travaille. On ne fournit pas de l'aide implicite en cours de recherche pour éviter l'erreur, on la laisse se produire, on la repère et on propose un nouvel essai, indépendant du précédent.

Evaluation, différenciation

La question de l'évaluation est devenue omniprésente à l'école primaire. Au point qu'il arrive qu'on évalue pour évaluer, pour remplir les cahiers de compétences destinés aux parents, par exemple. Ce n'est pas ici le lieu de débattre des grandes théories de l'évaluation. Nous voudrions simplement préciser que nous avons conçu l'évaluation d'abord comme un moyen indispensable de **réguler l'apprentissage**. C'est à partir de repères précis, pris aujourd'hui (et qui bien sûr ne seront plus les mêmes demain ou dans quelques jours) que l'enseignant peut organiser la séance suivante et différencier les approches. Evaluation et différenciation sont donc intimement liées, si on ne leur donne pas un rôle formel. Dans quelques situations nous avons indiqué des repères possibles pour analyser l'état des connaissances et les progrès des enfants. Ils peuvent paraître trop « fins » ou au moins trop lourds à utiliser dans une classe. Les enseignants n'en retiendront que ce qui peut leur être effectivement utile.

Grandeurs

Les situations proposées dans le chapitre « Les grandeurs et leurs mesures » visent surtout à donner aux enfants l'occasion d'effectuer des expériences leur permettant de développer une certaine intuition de quelques grandeurs et de tenter de les comparer plus que de les « mesurer ». Nous n'avons retenu que le domaine des longueurs et celui des volumes de même forme.

D'autre part, nous n'avons pas cherché à faire construire les idées d'unité de mesure. Ces limites nous ont semblé raisonnables en Petite et Moyenne Sections.

Images mentales

Quel que soit le domaine étudié, qu'il s'agisse de quantités, de grandeurs physiques, de nombres, il nous semble important de donner aux enfants l'occasion de se construire des images mentales variées et non de mémoriser des configurations ou des désignations uniques. A l'inverse, pour que ces images prennent une certaine densité, elles ne peuvent être trop nombreuses.

Par exemple, si les dispositions des doigts levés nous semblent intéressantes à mémoriser, en particulier pour pouvoir un jour jongler avec les compléments à dix, ces dispositions ne sont pas toujours suffisantes ni les plus efficaces. De plus, chaque sujet intériorise les images qui lui conviennent le mieux et il ne nous a pas semblé utile d'« enseigner » des représentations particulières de façon unique et systématique.

Individuel/collectif

Les enseignants seront peut-être surpris par le nombre de situations qui sont proposées, au moins pour certaines étapes, en travail individuel. En effet, on a beaucoup développé l'idée que le travail en groupes était important et il l'est ; mais il nous semble qu'il n'est possible et surtout pertinent qu'à certains moments. Par exemple, dans la situation « Des boîtes bien rangées » du chapitre 4, même si l'activité est proposée à un groupe de trois ou quatre enfants, un seul enfant « à son tour » est invité à résoudre le problème posé : pour construire une stratégie, surtout à un âge où il est pratiquement impossible de la verbaliser, il faut pouvoir être maître de ses propres actions et ne pas voir ce que l'on est en train de construire démoli par un camarade qui poursuit une autre idée. Les échanges entre enfants sont, certes, indispensables, quand ils arrivent au bon moment, un « bon moment » pas toujours facile à déterminer de l'extérieur : seul l'enseignant peut définir ces moments de verbalisation.

Jeu et apprentissage

La plupart des situations proposées dans cet ouvrage ont pour support un matériel de jeu. Gilles Brougère a souvent mis en évidence à travers ses écrits les limites de l'utilisation des jeux dans le cadre scolaire à partir des conditions qui font qu'un jeu est bien un jeu et non un exercice déguisé, plus ou moins amusant ou motivant. Il retient, en s'appuyant en particulier sur les travaux de Bruner, cinq critères.
- Tout d'abord le jeu est une activité « de second degré », c'est-à-dire qu'une activité n'est un jeu que si les protagonistes se sont mis d'accord sur le statut fictionnel de l'activité qu'ils vont développer ensemble.
- Le second critère, c'est celui de libre choix : il n'y a pas de jeu sous contrainte... critère qui risque de ne pas être facile à tenir au sein de l'école.
- Le troisième critère concerne l'acceptation de règles.
- Le quatrième se traduit par le caractère « frivole » ou futile de l'activité : *« le jeu a pour spécificité, en tant qu'activité du second degré, de ne pas transformer le réel, d'avoir des effets qui disparaissent quand cesse le jeu. »*.
- Enfin le jeu est incertain.

Si nous reprenons cette façon de définir le jeu, c'est que les activités scolaires, *stricto sensu*, ne sont pas des jeux. Il est facile, en effet, de mettre en défaut un ou plusieurs de ces critères dans de nombreuses activités appelées « jeux », proposées à l'école.

Pour nous, il est clair que nous n'avons pas l'intention de proposer aux enfants de « jouer » ! Si la situation dans laquelle nous les engageons prend pour support un matériel de jeu et garde également du jeu parfois un certain suspense, la situation a bien pour objectif de construire des apprentissages. Chaque fois que c'est possible, nous avons donc intérêt à bien souligner que la situation est un travail..., même si le mot peut paraître bien sévère.

A cet effet, comme nous avons eu l'occasion de le souligner dans certaines situations, le matériel qui sert de support à la situation d'apprentissage est retiré du « coin jeu » s'il y était auparavant ; les « règles » sont clairement celles définies par l'enseignant et non celles qu'à d'autres moments ce dernier pourrait laisser les enfants inventer. La façon de mener la situation est, elle aussi, très différente de ce qu'elle pourrait être dans un atelier dit « jeu de société », par exemple.

Objectifs d'apprentissage

Alors que l'élève doit avoir bien compris le « but à atteindre » de la situation qui lui est proposée, les objectifs d'apprentissage ne lui sont en général pas dévoilés : l'enseignant les a définis, a construit ou choisi la situation pour permettre aux élèves de les atteindre, mais il n'indique pas au départ les raisons qui lui font engager ses élèves dans cette situation. Les objectifs définissent la nature de l'apprentissage visé.

Rôles et différenciation

Si la différenciation peut se faire en proposant des situations différentes aux élèves en fonction de leurs besoins ou de leurs difficultés, on peut également concevoir une différenciation par les rôles[3] joués par chacun dans la même situation. C'est ainsi que nous avons plusieurs fois suggéré la présence d'observateurs. En effet, nous avons

3. *Cf.* « Chacun, tous, différemment... ! Différenciation en Mathématiques au cycle des apprentissages. » Roland Charnay, Jacques Douaire, Jean-Claude Guillaume, Dominique Valentin, Rencontres Pédagogiques n°34 INRP 1995

constaté que certains enfants placés en position d'« observateurs » pouvaient entrer dans la situation « en douceur », sans la pression de la réussite personnelle immédiate. Cette position extérieure leur permet aussi de prendre du recul par rapport aux choix effectués par leurs camarades et d'analyser les effets de leurs actions, même si cette analyse est rarement verbalisée.

Dans certaines situations, les joueurs eux-mêmes peuvent tenir des rôles différents. Par exemple, dans la situation « Les trois Ours », un joueur est le marchand. A ce titre, il va devoir fournir à ses camarades les éléments demandés. Il peut être intéressant de donner ce rôle à des enfants qui ne parviennent pas à formuler leur propre commande : en étant marchand, ils entendent et doivent comprendre les précisions qui leur sont fournies, ce qui peut les aider à améliorer leurs futures commandes.

Sériation, rangement

On appelle « sériation » l'action d'organiser les éléments d'une collection en fonction d'une relation d'ordre qui se traduit par des expressions du type : « plus petit », « plus grand » ou « avant », « après », par exemple. Une fois la sériation bien utilisée, la collection se trouve ordonnée, chaque élément ayant une place bien déterminée. On dit aussi qu'on a effectué un « rangement ».

On voit qu'il y a souvent confusion entre les mots « classement » et « rangement » à l'école maternelle comme ailleurs : une chambre bien « rangée » est une chambre dans laquelle on a « mis de l'ordre »..., deux expressions qui ne font qu'entretenir la confusion, puisqu'il s'agit en fait ici de « classement » et non de « rangement ».

Les procédures de sériation nécessitent, en général, de comparer les éléments deux à deux et demandent d'être capable d'organiser les résultats de ces comparaisons. C'est pourquoi, la plupart du temps en Petite et Moyenne Sections, on « enseigne » la sériation. Par exemple, on demande aux enfants de ranger des objets (trois, voire cinq au maximum) du plus petit au plus grand ; on leur montre même que, pour cela, il suffit de prendre le plus petit de la collection puis le plus petit de ce qui reste et ainsi de suite. Nous avons tenté de procéder autrement, de manière à ce que **la sériation soit reconnue comme un outil de résolution de certains problèmes**. C'est le cas, en particulier, dans les deux situations du chapitre 4 : « Boîtes bien rangées » (dans lequel le mot « rangé » est utilisé dans son sens trivial !) et « A chaque boîte son couvercle ». Dans ces deux situations, les enfants découvrent par eux-mêmes que le fait d'organiser les boîtes de la plus grande à la plus petite (ou l'inverse) va leur permettre d'atteindre le but fixé dans la situation. Bien sûr, leurs essais successifs ne les conduisent pas nécessairement à un ordre total mais sont suffisants pour leur permettre de réussir la tâche.

Situation

Dans cet ouvrage, le mot « situation » est utilisé au sens large, presque comme un synonyme du mot activité, sans les qualificatifs habituellement employés par les didacticiens qui permettent d'en distinguer les fonctions : situation didactique, a-didactique, non-didactique. On peut interpréter cette absence comme un manque de rigueur, mais il est le résultat de choix pragmatiques : l'ouvrage se veut avant tout un recueil de propositions pour « faire la classe ». Le lecteur qui souhaite aller plus loin pourra consulter les textes portant sur La Théorie des Situations. En formation, les situations proposées pourraient d'ailleurs être analysées de manière à définir la spécificité de chacune.

Comme il est précisé dans l'introduction, certaines des caractéristiques des situations dites « didactiques » ont été retenues de façon implicite ; c'est pourquoi il peut être utile de les expliciter ici afin de pouvoir les reconnaître, voire les respecter :

- Les situations didactiques sont retenues ou construites par l'enseignant dans l'intention de faire s'approprier par les élèves un savoir nouveau ;
- Le recours à ce savoir doit donc être nécessaire à la résolution du problème posé ;
- Les élèves doivent avoir pris conscience qu'ils ont la responsabilité de cette résolution ;
- La situation est auto-validante, c'est à dire que c'est la situation elle-même qui doit permettre de valider les résultats obtenus.

On emploie également l'expression « situation d'apprentissage » qui, bien qu'imprécise, correspond assez bien aux situations de cet ouvrage.

Synthèses

Il est souvent précisé à la fin d'une situation que l'enseignant organise un moment de synthèse. Le mot peut paraître vague et il l'est... Il signifie principalement que l'enseignant prend le temps de « terminer » la situation à tout point de vue :
- Sur le plan matériel, tous les objets utilisés sont « rangés », ou pour le moins déplacés, affichés, voire remis dans le coin jeu s'ils en avaient été momentanément extraits ;
- Mais surtout sur le plan de la conscience de l'apprentissage réalisé, l'enseignant favorise les verbalisations : que fallait-il faire ? qu'a-t-on fait ? comment a-t-on trouvé ? qu'a-t-on « appris » ? Et si on rejouait encore, est-ce que ce serait plus facile ? Est-ce qu'on peut se redire ensemble comment atteindre le but ?...

Systématisation, entraînement

Durant ces deux premières années de scolarisation, les apprentissages sont en construction. Les enfants sont très souvent invités à observer, analyser, mettre en relation. Nous n'avons pas cherché à systématiser ces premières approches. Par exemple, nous n'avons pas proposé d'exercices d'entraînement « systématiques ». Nos options seront différentes en Grande Section où certaines connaissances devront être progressivement reconnues, nommées, entraînées.

Validation

Nous avons défini plus haut ce que l'on entend par « auto-validation ». Certaines situations contenues dans cet ouvrage ne sont pas auto-validantes, comme nous l'avons déjà dit, mais cette caractéristique ne dispense pas de valider les résultats obtenus, ce qui ne peut se faire que sous la responsabilité de l'enseignant. Nous pensons que les enfants, même très jeunes, doivent prendre l'habitude de s'interroger sur l'état de la résolution qu'ils fournissent : est-ce que c'était bien ce que je voulais faire ? est-ce qu'il y a d'autres solutions ? et non pas (ou pas seulement !) : est-ce que la maîtresse va être contente ?... Ces questions concernent bien la validation du travail effectué, de la tâche. Dans certains cas, l'enseignant peut également être amené à préciser si la solution trouvée est juste ou fausse.

Mais on peut également imaginer une validation de l'apprentissage et pas seulement de la tâche. Par exemple : est-ce que je suis capable de refaire ce que je viens de faire ? Est-ce que je peux y arriver plus vite la prochaine fois ?, etc. Bien sûr ce travail de verbalisation et d'analyse ne peut se faire qu'avec l'aide de l'enseignant et de façon très progressive, avec plus d'aisance en Moyenne Section qu'en Petite Section évidemment, et définit davantage des prises de conscience que des validations à proprement parler.

Variables

Dès que l'on aborde la construction d'une situation, on constate que plusieurs variables (pertinentes pour l'apprentissage visé) apparaissent, permettant de faire des choix en variant les valeurs de ces variables. Par exemple, dans la situation « Les boîtes d'œufs » du chapitre 2, nous avons indiqué la liste des variables susceptibles d'intervenir parce qu'il était particulièrement facile de montrer les implications des choix retenus, notamment au niveau de la différentiation, mais nous ne l'avons pas fait pour chaque situation pour ne pas alourdir le texte. Certaines de ces variables ont une importance particulière dans le sens où la modification de leurs valeurs peut modifier les stratégies de résolution : on parle alors de « variables didactiques ».

Maquette : Bernard Van Geet
Mise en page : Nadine Aymard
Fiches et schemas : l'Echographic
Illustrations fiches 23 et 24 : F. Dimberton

Bouquets variés

Bouquets variés

Cartes - Problèmes Abaques/Rails

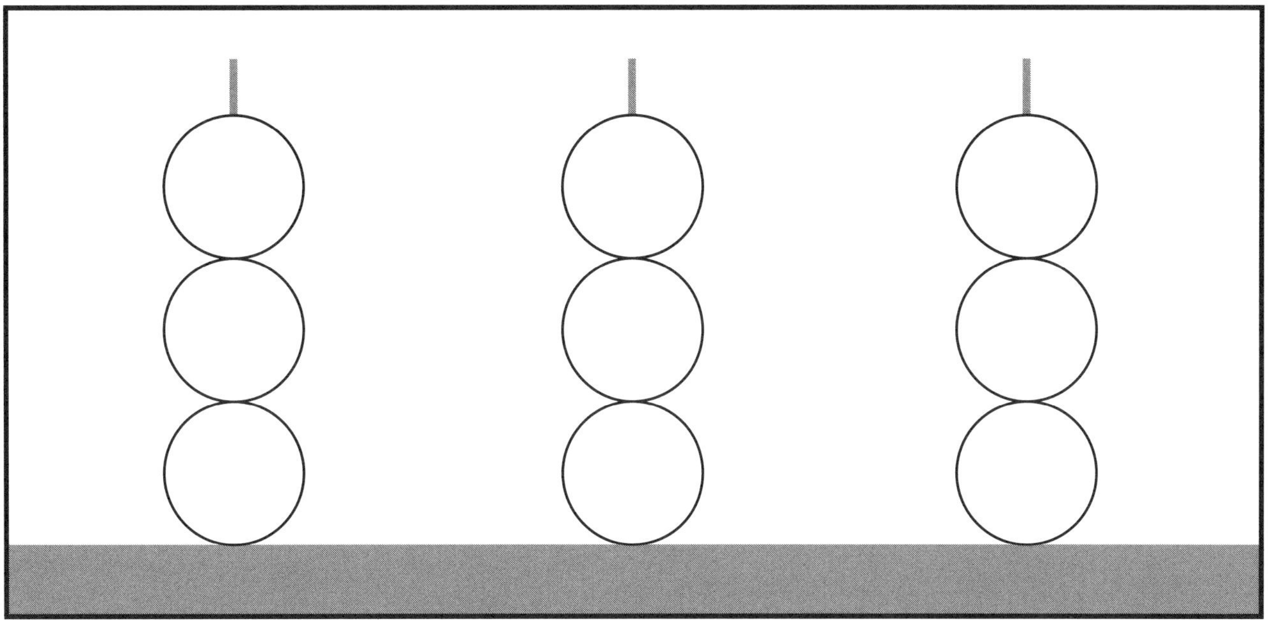

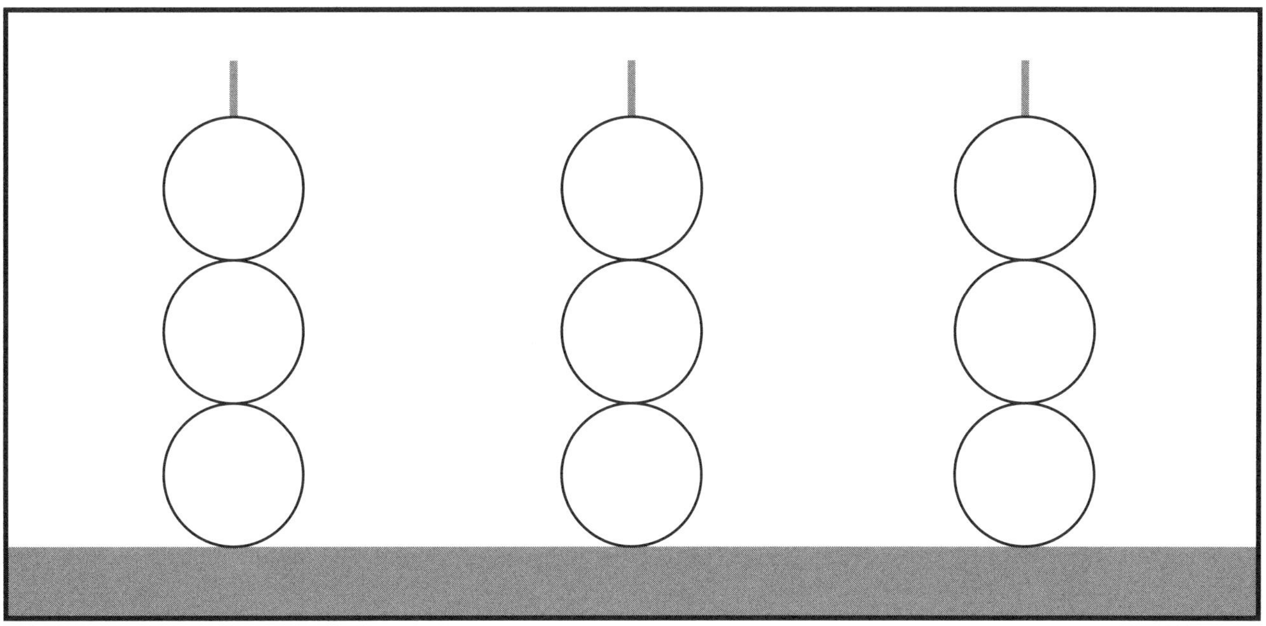

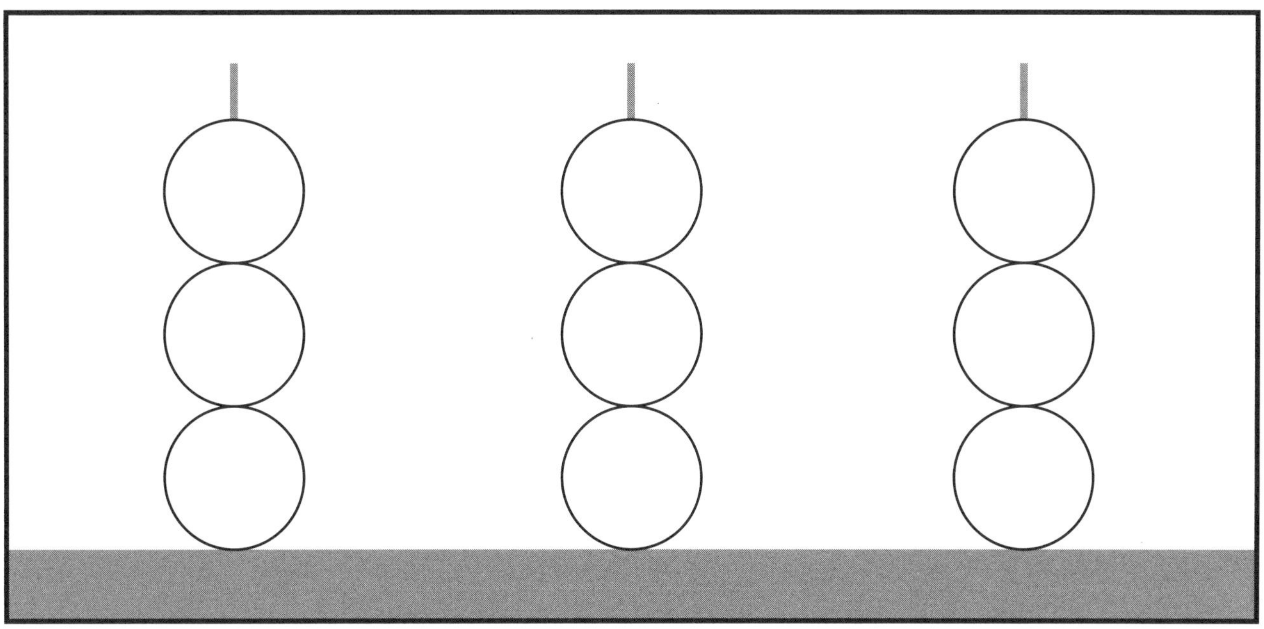

Le meilleur choix / Cartes à points

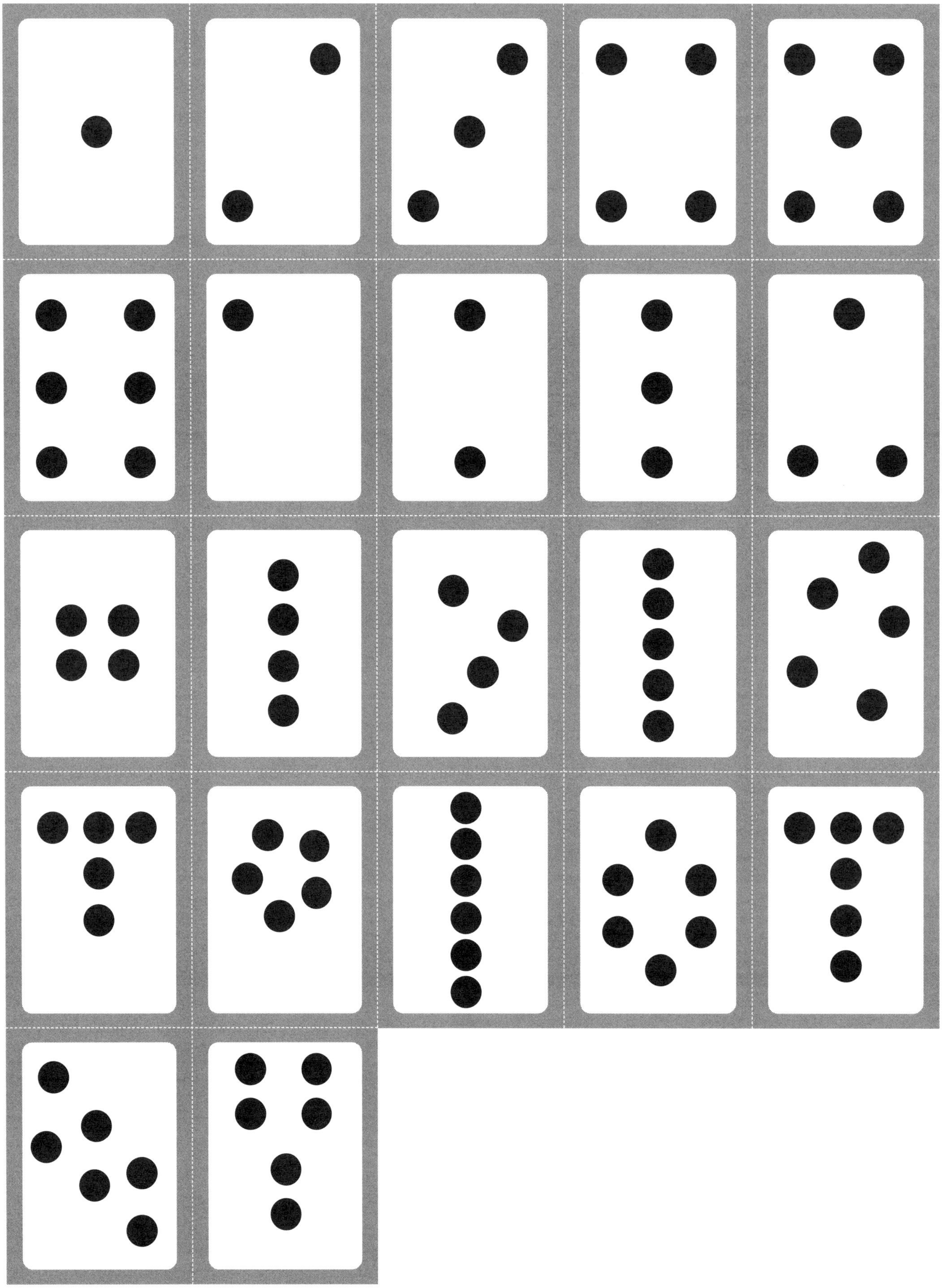

Les compléments

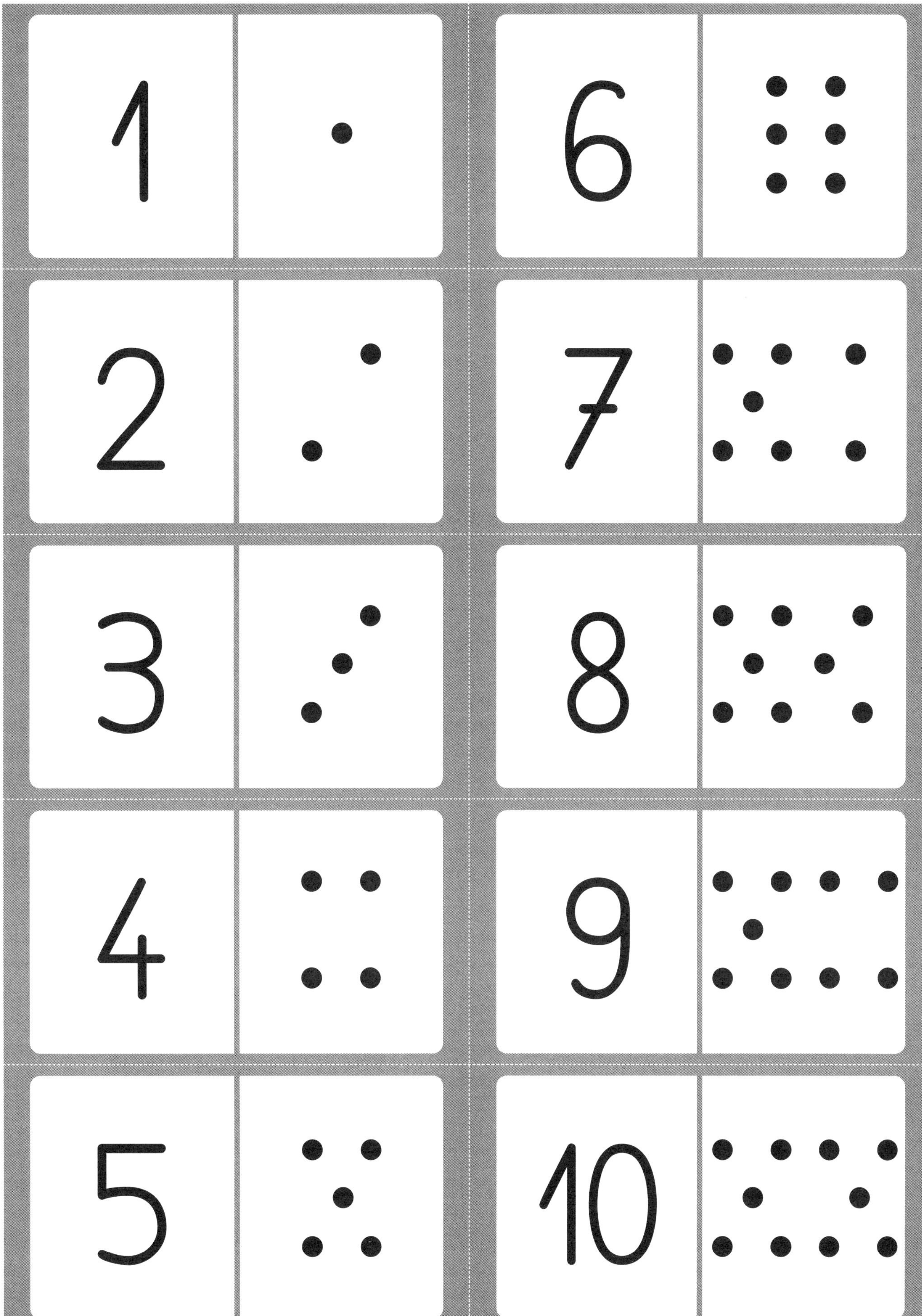

Les bonnets de doigts

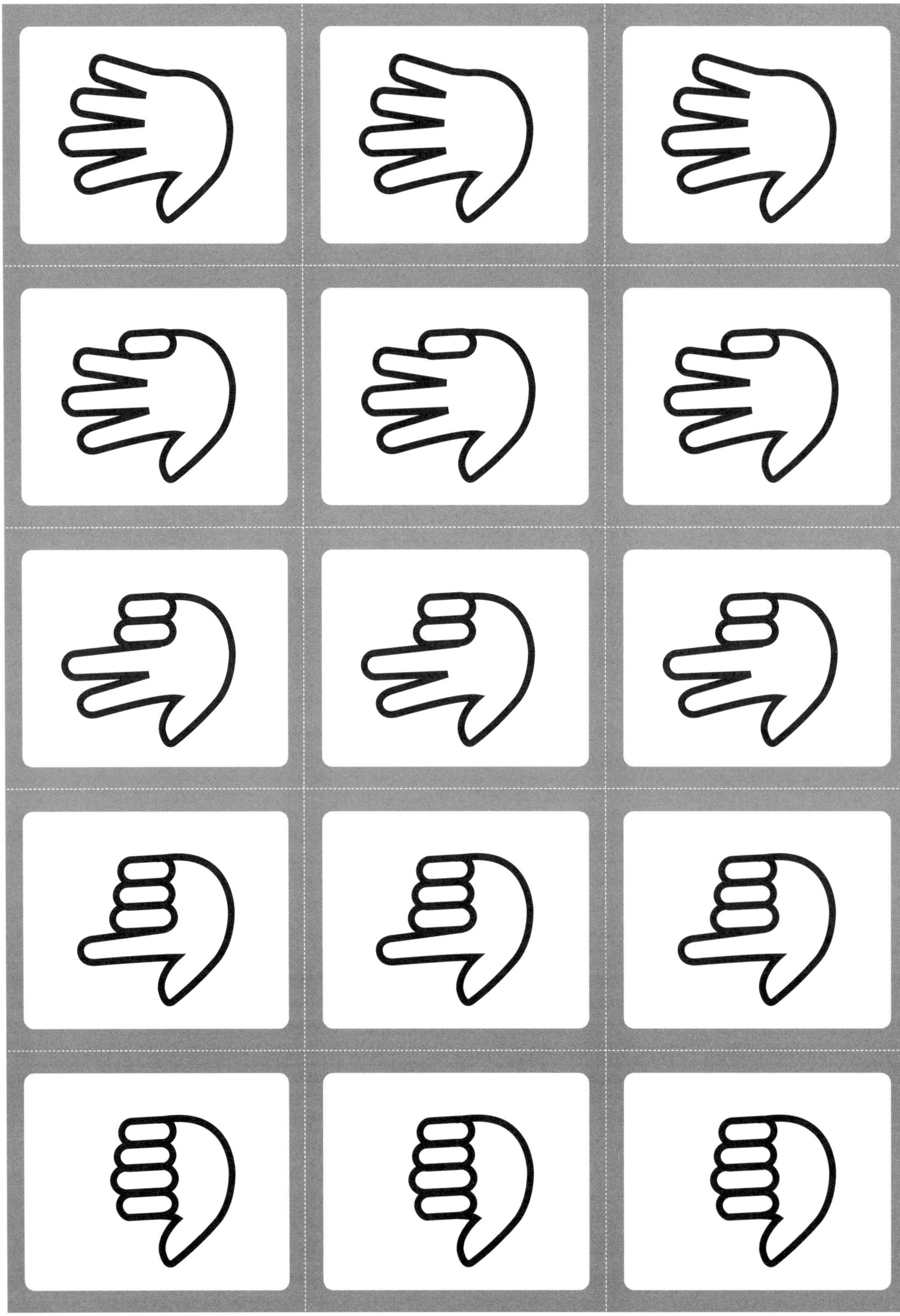

Livres à compter

1	2	3	4	5	6
7	8	9	10	11	12

1	2	3	4	5	6
7	8	9	10	11	12

1	2	3	4	5	6	7	8	9	10
11	12	13	14	15	16	17	18	19	20

1	2	3	4	5	6	7	8	9	10
11	12	13	14	15	16	17	18	19	20

Les cinq tours alignées

Cartes - Problèmes Abaques / Rails

1

2

3

Cartes - Problèmes Abaques / Rails

4

5

6

Cartes - Problèmes Abaques / Rails

7

8

9

Cartes - Problèmes Abaques / Rails

10

11

12

Cartes - Problèmes Embouteillage

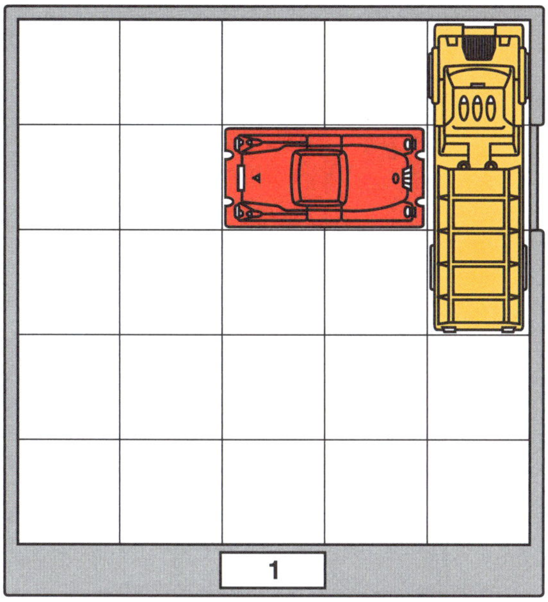

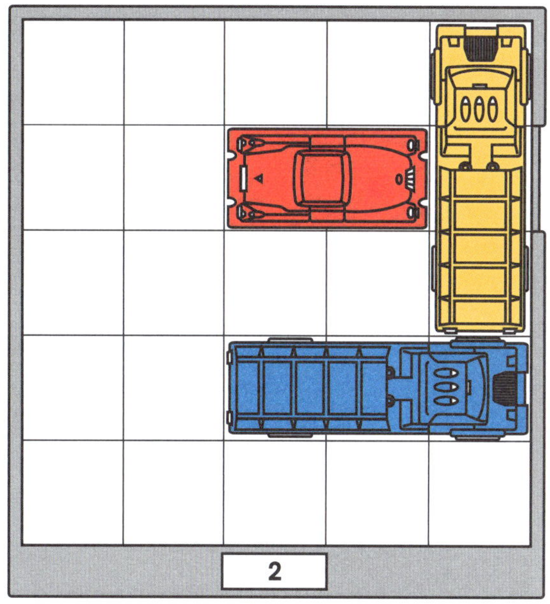

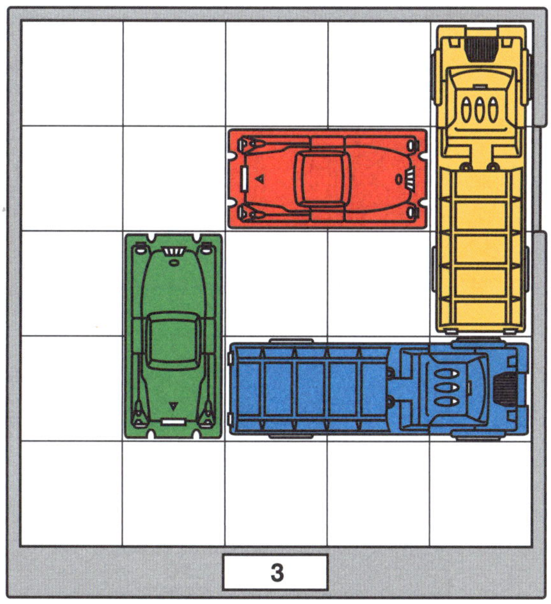

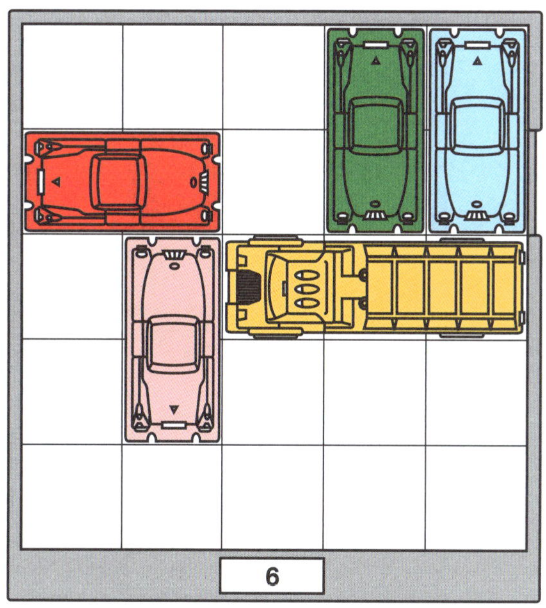

Cartes - Problèmes Embouteillage

Cartes - Problèmes Embouteillage

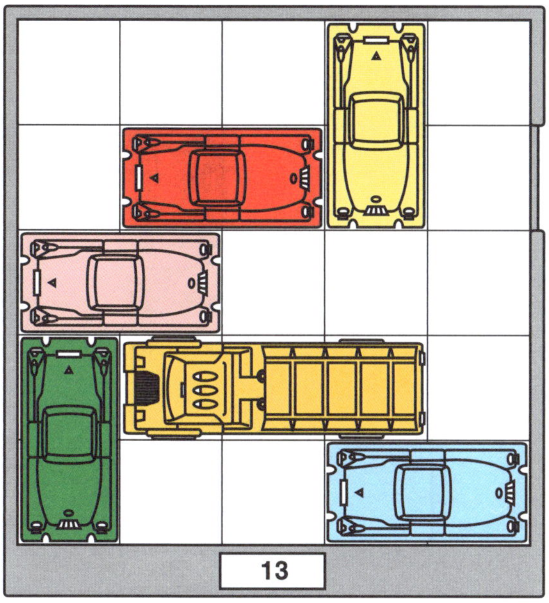

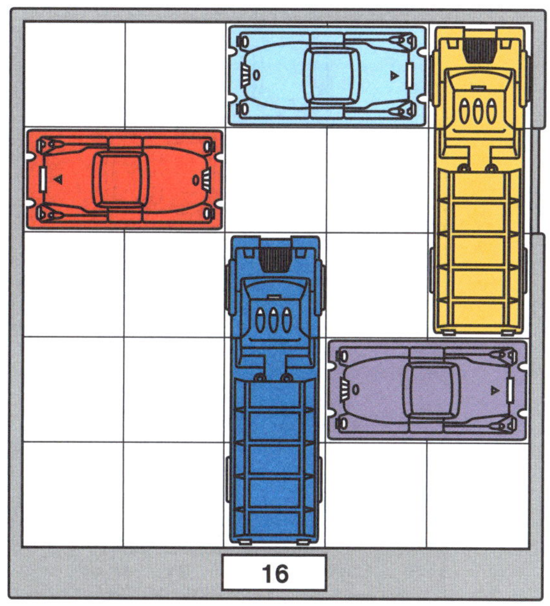

Cartes - Problèmes Embouteillage

19

20

21

22

23

24

Piste au trésor

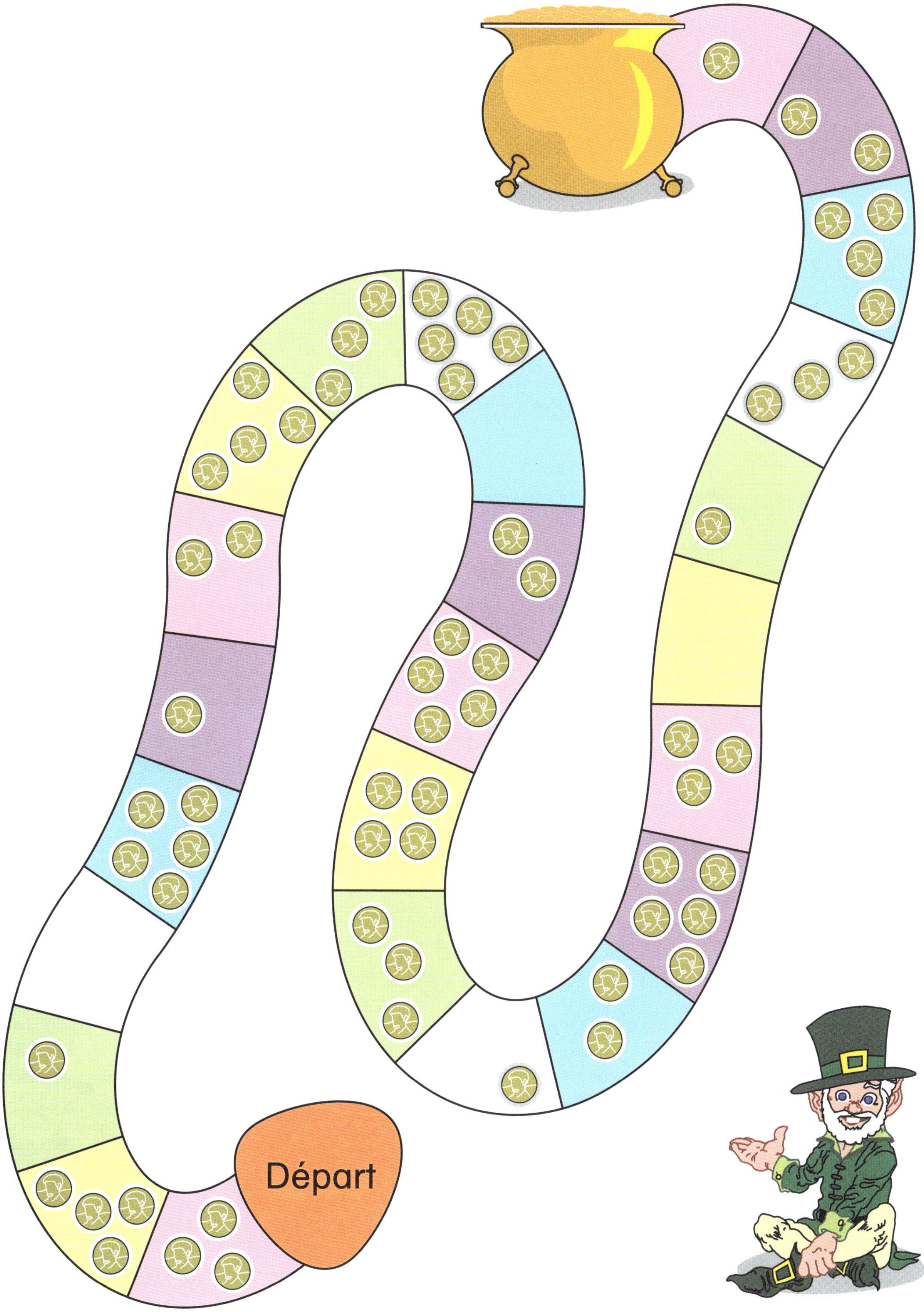

A agrandir au format A3

Piste au trésor

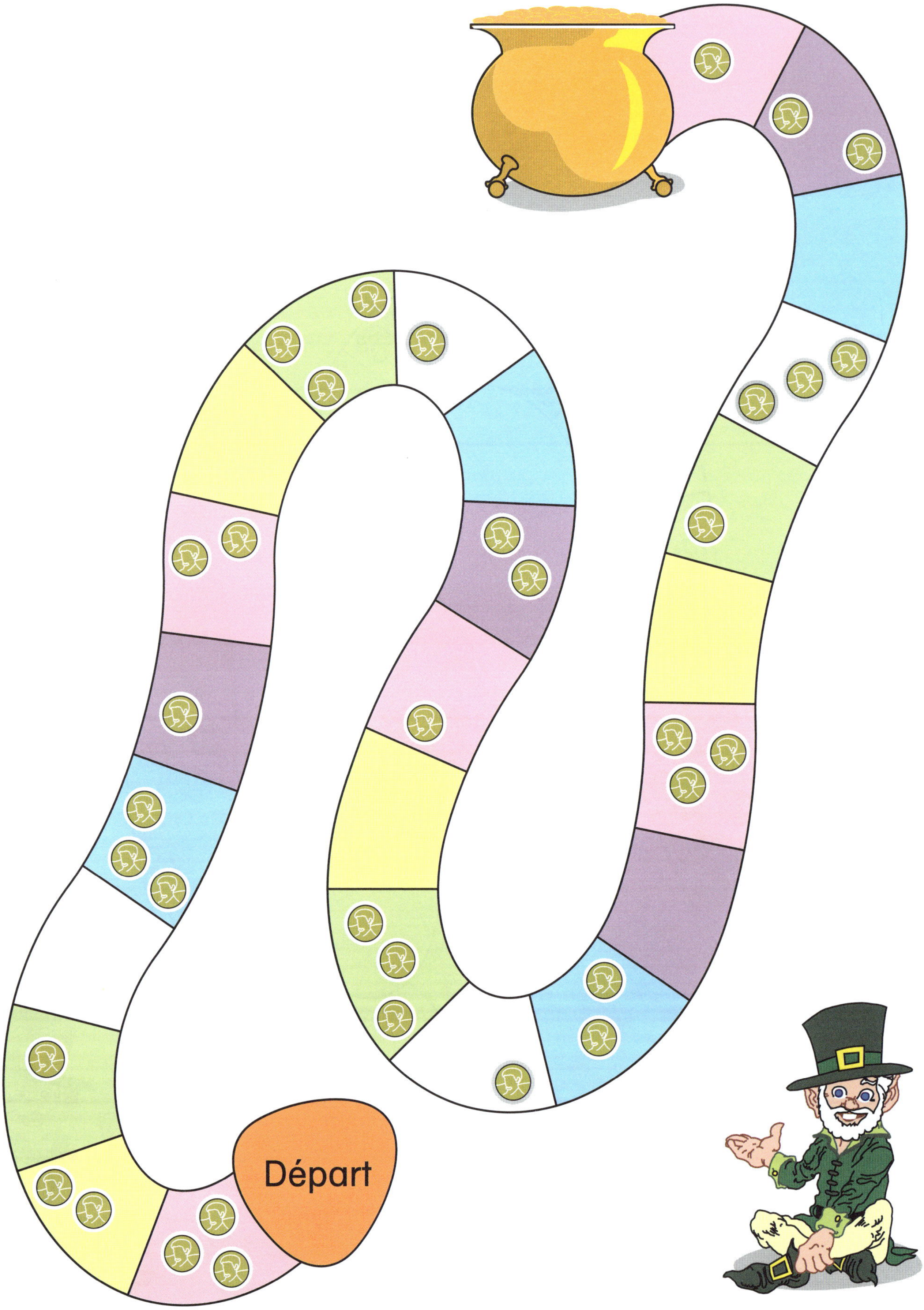

A agrandir au format A3

Cartes à points

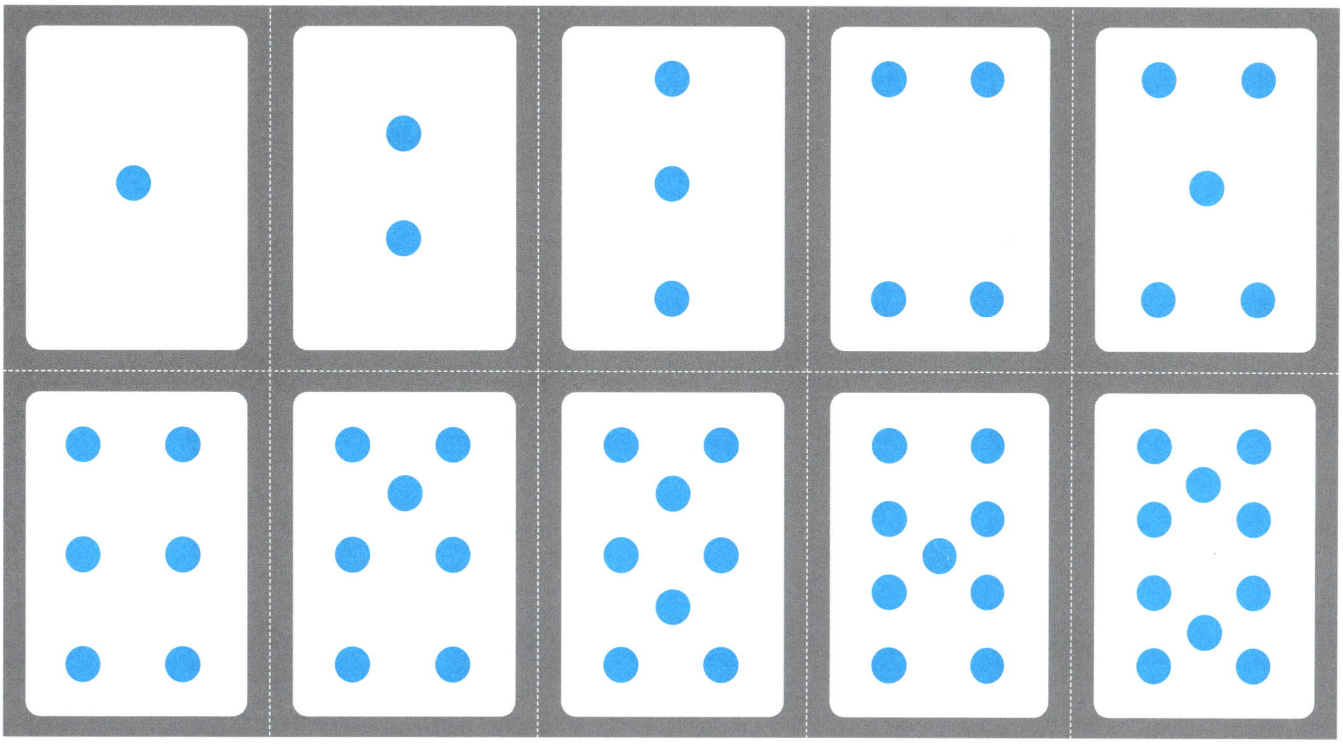

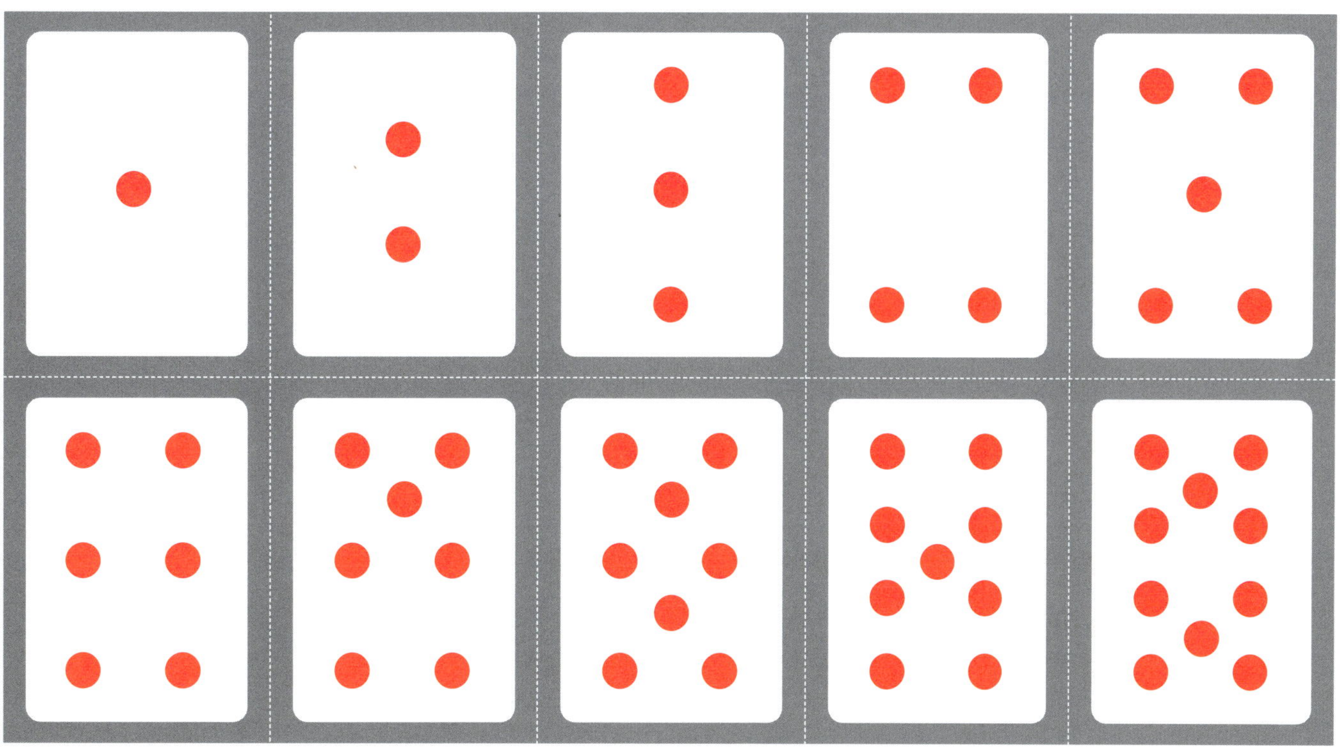

Cartes à points

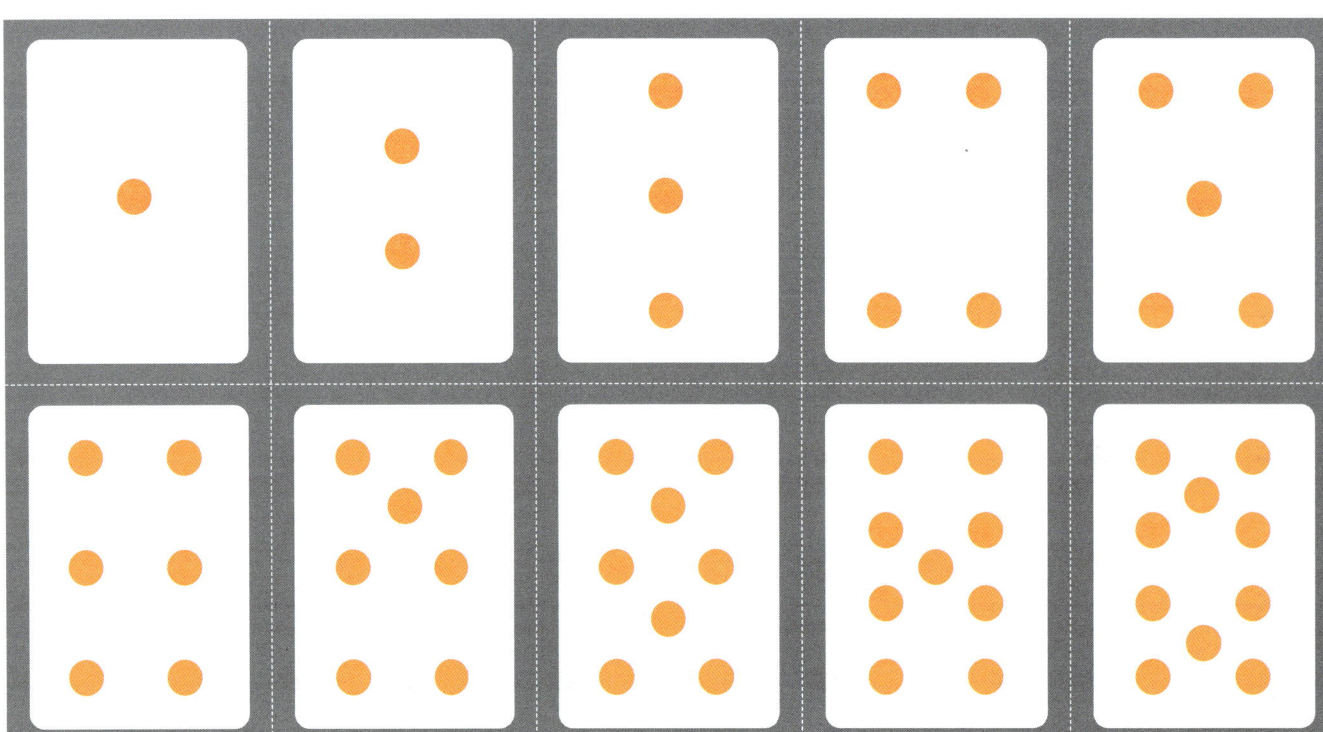

Les trois ours

Les trois ours

Les poupées

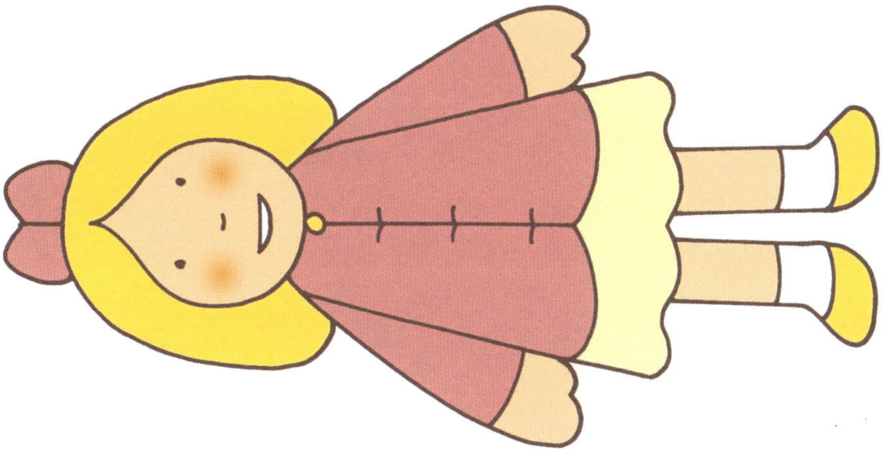

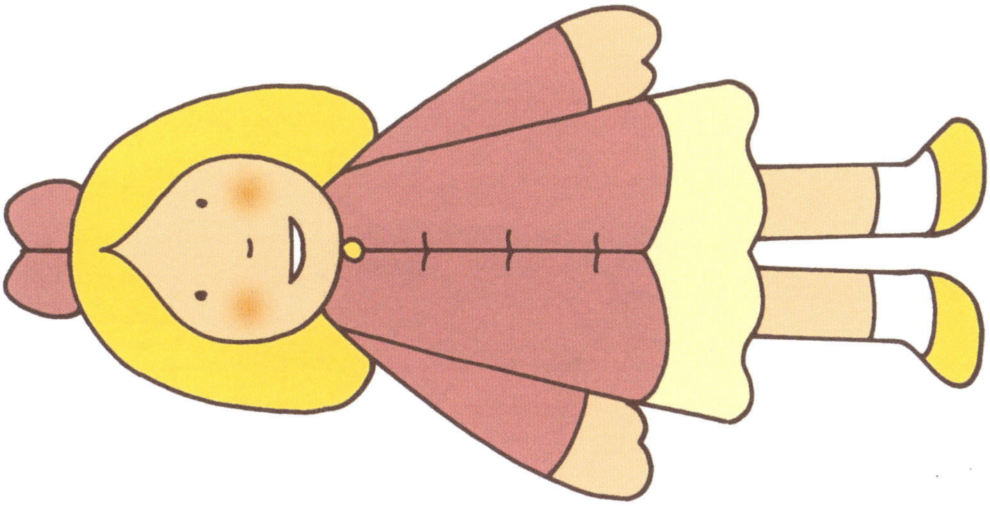

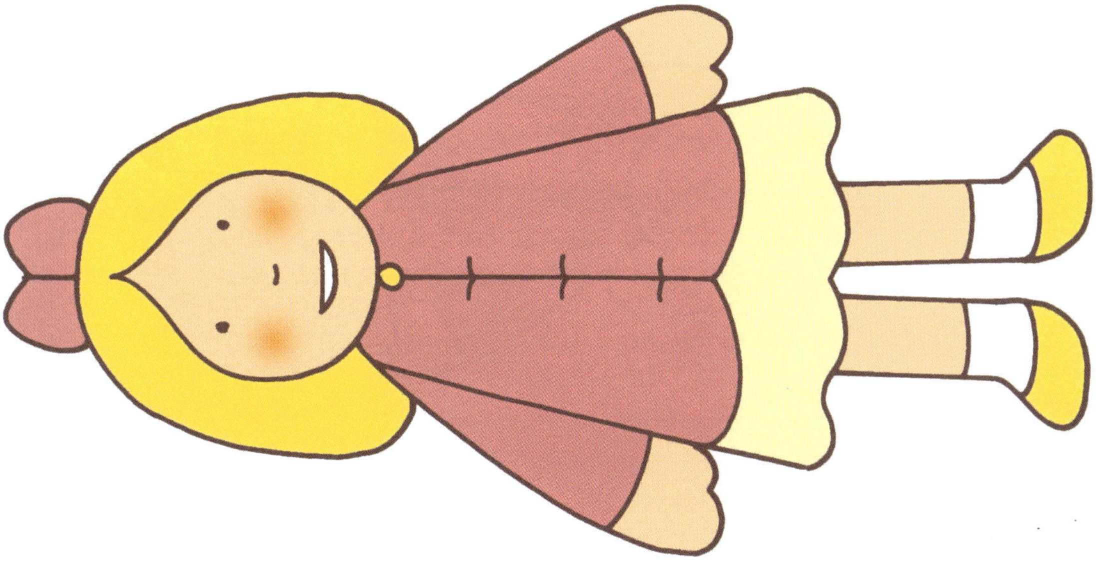

Les poupées